夜 VOL DE NUIT 航

[法]

安托万·德·圣埃克絮佩里

著

黄荭

译

中国出版集团 东方出版中心

图书在版编目（CIP）数据

夜航 /（法）安托万·德·圣埃克絮佩里著；黄荭
译. -- 上海：东方出版中心，2025.8. -- ISBN 978-7-
5473-2776-0

Ⅰ. I565.45

中国国家版本馆 CIP 数据核字第 20255AD381 号

夜航

Vol de nuit

著　　者　［法］安托万·德·圣埃克絮佩里
译　　者　黄　荭
责任编辑　张馨予
装帧设计　付诗意

出 版 人　陈义望
出版发行　东方出版中心
地　　址　上海市仙霞路345号
邮政编码　200336
电　　话　021- 62417400
印 刷 者　上海盛通时代印刷有限公司

开　　本　787mm×1092mm 1/32
印　　张　5.5
字　　数　74千字
版　　次　2025年9月第1版
印　　次　2025年9月第1次印刷
定　　价　48.00元

别人行动，把他的道德标准灌输给飞行员，要求他们尽力而为，敦促他们建功立业。他铁面无私的决定容不得软弱，再小的疏漏都要受到惩罚。他的严厉乍一看显得不近人情、过分苛刻。但他的态度是针对工作中的瑕疵而不针对个人，利维埃的用意就是要锤炼人。通过这样的描绘，我们可以感受到作者满满的钦佩之情。我尤其感激作者阐明了这个充满悖论的真理，对我而言具有重大的心理价值：人的幸福不在于自由，而在于承担责任。这部小说中的每一个人物都满腔热忱、全心全意地把自我奉献给该做的事，投入这项充满危险的任务中，只有任务完成了，他们才会找到幸福的休憩。人们还可以看到，利维埃绝不是铁石心肠的人（再没有比他接待失踪者妻子的那段描述更令人动容的了），他给手下的飞行员下达命令时所需要的勇气绝不比飞行员执行这些命令时所要付出的勇气少。

"想让别人喜欢自己，只要同情别人就行。我从不同情，就算有也藏在心里……有时，我也惊讶于自己的能力。"他还说，"关爱听命于您的手下。但不要告诉他们。"

这也因为支配利维埃的是责任感，"隐约感觉到一种比爱更伟大的责任"。但愿人不要去追求个人自身的目的，而是去服从并献身于主宰和依赖他的事业。我喜欢在这里再看到这份"隐约的责任感"，让我的普罗米修斯不合常理地说出："我不爱人，我爱的是人内心的挣扎。"这是一切英雄主义的源泉。"我们在行动时，"利维埃想，"总觉得有

夜 航

VOL
DE NUIT

［法］
安托万·德·圣埃克絮佩里

著

黄荭

译

中国出版集团 东方出版中心

图书在版编目（CIP）数据

夜航 / （法）安托万·德·圣埃克絮佩里著 ；黄荭
译 . -- 上海 ：东方出版中心，2025. 8. -- ISBN 978-7-
5473-2776-0

I. I565.45

中国国家版本馆 CIP 数据核字第 20255AD381 号

夜航

Vol de nuit

著　　者　[法] 安托万·德·圣埃克絮佩里
译　　者　黄　荭
责任编辑　张馨予
装帧设计　付诗意

出 版 人　陈义望
出版发行　东方出版中心
地　　址　上海市仙霞路345号
邮政编码　200336
电　　话　021- 62417400
印 刷 者　上海盛通时代印刷有限公司

开　　本　787mm×1092mm　1/32
印　　张　5.5
字　　数　74千字
版　　次　2025年9月第1版
印　　次　2025年9月第1次印刷
定　　价　48.00元

序

对航空公司而言，要和其他交通工具竞争，那比的就是速度。正如这本书中令人钦佩的领导者利维埃解释的那样："对我们而言，这是一个生死攸关的问题，因为，我们白天对比铁路和轮船所取得的优势，在夜里又输回去了。"夜航的开通在开始的时候饱受非议，后来才逐渐被接受。虽然在最初一系列冒险试运行后变得切实可行，但就在本书写作之时，夜间航行服务还是充满未知之数。航空飞行这一路本身就充满风险和意外，如今还要加上黑夜的神秘诡谲。尽管风险仍然很大，但我还是得大胆地说，它们会一天天减少的，每一次新的航行都会让下一次航行变得更加容易、更加安全。但是，航空事业就像拓荒一样，也有一个英雄的创始期，《夜航》为我们描绘了其中一位航空事业开拓者的悲歌，自然就有了一种史诗般的调子。

我喜欢圣埃克絮佩里的第一本书，但更喜欢这一本。在《南线邮航》中，飞行员的回忆细腻准确、扣人心弦，交织着一段情感故事，拉近了主人公和我们的距离。那么柔情似水，啊！让我们感到他的真实，感到人性的脆弱。《夜航》的主人公显然不是不近人情，而是升华到了超人的精神境界。我认为，这部惊心动魄的作品最吸引我的是人的高尚情操。人的软弱、自暴自弃、衰败，我们已经看得太多，今天的文学太擅长揭露它们了；但靠坚强的意志超越自我，这恰恰是特别需要有人向我们展示的。

在我看来，比起飞行员的形象，更令人惊叹的是他的上司利维埃。他本人并不行动，而是促使别人行动，把他的道德标准灌输给飞行员，要求他们尽力而为，敦促他们建功立业。他铁面无私的决定容不得软弱，再小的疏漏都要受到惩罚。他的严厉乍一看显得不近人情、过分苛刻。但他的态度是针对工作中的瑕疵而不针对个人，利维埃的用意就是要锤炼人。通过这样的描绘，我们可以感受到作者满满的钦佩之情。我尤其感激作者阐明了这个充满悖论的真理，对我而言具有重大的心理价值：人的幸福不在于自由，而在于承担责任。这部小说中的每一个人物都满腔热忱、全心全意地把自我奉献给该做的事，投入这项充满危险的任务中，只有任务完成了，他们才会找到幸福的休憩。人们还可以看到，利维埃绝不是铁石心肠的人（再没有比他接待失踪者妻子的那段描述更令人动容的了），他给手下的飞行员下达命令时所需要的勇气绝不比飞行员执行这些命令时所要付出的勇气少。

"想让别人喜欢自己，只要同情别人就行。我从不同情，就算有也藏在心里……有时，我也惊讶于自己的能力。"他还说，"关爱听命于您的手下。但不要告诉他们。"

这也因为支配利维埃的是责任感，"隐约感觉到一种比爱更伟大的责任"。但愿人不要去追求个人自身的目的，而是去服从并献身于主宰和依赖他的事业。我喜欢在这里再看到这份"隐约的责任感"，让我的普罗米修斯不合常理地说出："我不爱人，我爱的是人内心的挣扎。"这是一切英雄主义的源泉。"我们在行动时，"利维埃想，"总觉得有什么东西比人的生命更宝贵……但它是什么呢？"他又说："或许还有其他东西需要拯救，一些更持久的东西；或许利维埃是为了拯救人更持久的品质而工作。"对此，我们毋庸置疑。

化学家们让我们预感到未来战争的恐怖，男子汉气概或许再无用武之地，英雄主义的传统会在军队里消亡，在这种时候，难道不是在航空事业中我们能看到勇气得到最令人赞叹、最有益的施展吗？原本可能被视为鲁莽的举动，若是出于服务的需求就另当别论了。飞行员不断地拿自己的生命冒险，自然有权嘲笑我们平时对"勇气"的看法。请圣埃克絮佩里允许我引用他的一封旧信；这封信要回溯到他飞越毛里塔尼亚、负责卡萨布兰卡-达喀尔航线的那个时期：

我不知道什么时候能回去，这几个月工作太多了：寻找失踪的同事，抢修掉在抵抗区的飞机，给达喀尔送了几趟邮包。

　　我刚立了一个小功：为了救一架飞机，我同十一个摩尔人和一名机械师度过了两天两夜。状况频出、危机四伏。我是第一次听到子弹从我头顶呼啸而过。我终于知道自己在这种环境下是什么样子了：我比摩尔人镇定得多。而且我也明白了以前始终让我感到惊讶的事，就是柏拉图（或是亚里士多德？）为什么要把勇气排在各种德行之后。这勇气也不是什么美好的情操，只不过是一点儿狂热、一点儿虚荣、十分顽固以及一种庸俗的体育乐趣合成的罢了。特别是与勇气无关的体力上的亢奋。双臂交叉放在敞开的衬衣前，畅快地呼吸，是很惬意。这事要是发生在夜里，就会掺杂了一种做了天大蠢事的感觉。我再也不会去欣赏一个仅仅只是勇敢的人。

我可以引用坎东（尽管我一直不太同意他的观点）书中的一句格言来作为我引的这段话的题名："要把勇敢和爱一样藏在心里"；或者更精彩的是："勇士不想让人知道他们的事迹，就像老实人不想让别人知道他们的施舍。他们不露痕迹或婉言推说。"

圣埃克絮佩里在书中所讲述的，都是他"知根知底"的东西。他常身陷险境，他的亲身经历赋予了他的书一种真实、不可模仿的韵味。我们有过大量战争或幻想冒险小说，有时候作者编得头头是道，但真正的冒险家或战士读了只会觉得好笑。这个故事除了我非常欣赏的文学价值以外，还有一种史料的价值，这两种品质那么出人意料地融为一体，赋予《夜航》非同凡响的重要地位。

〔法〕安德烈·纪德

致迪迪叶·多拉

目录

夜航

VOL DE NUIT

✦

一

✦

　　落日熔金，飞机下的丘陵已犁出一道道明暗的影子。平原变得明亮起来，似乎沐浴在永不湮灭的光线中：在这个地区，平原总是泛着一片金光，同样，入冬以后，它总是映着一片雪光。

　　飞行员法比安从美洲南端的巴塔哥尼亚驾驶邮航飞机前往布宜诺斯艾利斯，就像港口的水纹一样，他从这份静谧、依稀可辨的云卷云舒中也看到了暮色将至的迹象。他正在进入一片辽阔幸福的停泊之地。

寂静中，他简直以为自己就像一个牧羊人，在慢悠悠地散步。巴塔哥尼亚的牧羊人常常不紧不慢地从一群羊走向另一群羊，而他则是从一个城镇飞向另一个城镇，他是放牧小城镇的牧羊人。每两个小时，他就会遇见一个城镇，有的饮水河边，有的食草原野。

有时，在飞越了上百公里比大海更荒凉的草原后，看见一个偏僻的农庄，仿佛在草原泛起的波浪中，载着人的生命迎面驶来，于是他晃动机翼向这艘船致敬。

"圣胡利安在望，我们十分钟后降落。"

机组报务员把消息发往这条航线上的各个指挥塔。

从麦哲伦海峡到布宜诺斯艾利斯，两千五百公里的航线上，诸如此类的中途站一个接着一个；但是过了圣胡利安中途站，就进入了黑夜的疆界，就像在非洲，过了最后一个归顺法国的村落后，进入的就是神秘叵测的区域。

报务员递给飞行员一张纸条：

"暴风雨太猛烈，耳机里全是放电的噪声。你们在圣胡利安过夜吗？"

法比安微微一笑：天空平静得像一个水族馆，而且前方所有中途站都汇报说"晴空，无风"。他回答：

"继续前进。"

然而报务员认为暴风雨已经在某个地方安营扎寨，就像在果子里落户的虫子；夜晚会很美丽，但天气会变坏：他可不乐意钻进这团即将腐烂的黑影中。

减速向圣胡利安降落时，法比安感到有些倦怠。让人类生活变得温馨甜美的一切在他眼前渐渐变大：人们的房屋，小咖啡馆，步行道上的树木。他就像一个征服者，夜晚凯旋，俯瞰自己的帝国时，发现人们朴素的幸福。法比安需要放下"武器"，感受浑身的沉重和酸痛，因为不幸也是一种财富。做一个生活在这里的普通人，看窗外静止的风景。这个小得不能再小的村庄，他会接受它。只有经历过、选择过，人们才会随遇而安，会喜欢这种缘分。它像爱情一样将你包围。法比安真想在这里长住，和这里一起成为永恒，因为，那些他曾经逗留过一两个小时的小城镇，那些他曾经穿过的古墙围绕的花园，在他眼中都是身外的永恒存在。村庄朝飞机扑来，向他敞开怀抱。法比安想到友人，想到温柔的少女，想到亲切的白桌布，想到慢慢安抚化作永恒的一切。而机翼已经贴着漂浮到眼前的村庄，院墙紧闭也守不住的花园里的秘密一览无余。然而，着陆后，法比安知道，除了石块间缓慢移动的几个人外，自己并没有看见什么。这个村庄以静制动，守卫着自己的秘密和激情，这个村庄拒绝给予温柔：想要赢得它的芳心，不能强迫，只能顺其自然。

十分钟的中途停靠过后，法比安又得上路了。他回头看向圣胡利安：小镇此时只是一团灯火，接着是一点星光，接着是一粒尘埃，这粒尘埃是对他的最后引诱，之后，也消失不见了。

"看不清仪表盘了，我开灯了。"他按了开关，但座舱内红灯打在指针上的光线被傍晚的蓝光冲淡了，照不出指针的颜色。他把手指伸到一个灯泡前，手指几乎没有染上红光。

"还太早。"

而夜色已经像黑烟般升起，充满了山谷。眼睛已经分不清山谷和平原。一个个村庄亮起了灯，星星点点交相辉映。法比安也用手指让航行灯闪烁，回应这些村庄。遍地都是灯光的召唤，面对无边的黑夜，家家户户都点亮了自己的星星，就像面朝大海点亮了灯塔一样。所有隐藏着人的生命的地方都有灯火闪烁。这次潜入黑夜让法比安赞叹不已，就像船只进入锚地，缓慢而优雅。

他把头缩回座舱。指针上的荧光亮了。飞行员依次把一个个数据都检查了一遍，对此很满意。他发现自己稳稳地坐在天上。他的手指轻轻地拂过钢铁的翼梁，感到金属中流动着生命，金属不是在震动，而是活生生地在颤动。五百马力的发动机使机身产生了一阵轻微的震颤，将冰冷的钢铁变成了天鹅绒般的血肉之躯。又一次，飞行员在飞行中感受到的不是眩晕也不是陶醉，而是一个活生生的躯体的神秘工作。

现在，他又给自己建构了一个世界。在这个世界里，他用胳膊肘左推右搡，好让自己坐得更舒服。

他轻轻拍拍配电盘，把开关挨个儿摸了个遍，挪一挪身子，让自己靠得更舒坦，寻找最佳姿势去感受这浮动的夜托住重达五吨的金属的摇摆。随后，他摸索着，把应急灯推到位置上，松开，再摸一下，确保它不会滑动，再次松开，去摸每一根操纵杆，精准地抓住它们，训练手指去熟悉一个盲人世界。当他的手指熟悉这个世界后，他才打开一盏灯，用精密仪表装饰他的座舱，单凭仪表的指引，像跳水一般一头扎进夜里。之后，一切都不再摇摆、不再颤抖，而且陀螺仪、高度表和发动机的转速都稳住了，他稍微伸伸懒腰，把脖子靠在皮座椅上，开始了这种对飞行的冥想，从中品味一种不可言传的期许。

现在，深更半夜，像守夜人一样，他发现黑夜可以凸显人：这些召唤，这些灯光，这份不安。黑夜中这颗普通的星星，是一栋孤零零的房子。一颗星星灭了，是一栋房子把自己封闭在属于它的爱情里。或者封闭在自己的烦恼里。这是一栋不再向外面的世界发出信号的房子。那些胳膊肘支在桌上坐在灯前的农民，他们不知道自己在希望什么，他们也不知道在这包围他们的广袤的夜里，他们的欲望竟能传得那么远。但法比安，当他从千里之外而来并感觉到那架会呼吸的飞机在涌浪中上下起伏时，当他数十次穿越风暴时，就像他穿越战乱中的列国一样，偶尔有皎洁的月光，当他怀着征服者的心情飞到一个个灯火面前时，他发现了这种欲望。这些人以为他们的灯光只照亮了那张简陋的桌子，殊不知在八十公里之外，已经有人被这些灯光的召唤深深打动，仿佛他们是在一个荒岛上，面对大海绝望地挥动着一盏灯。

二

✦

就这样，巴塔哥尼亚、智利和巴拉圭的三架邮
航班机分别从南边、西边和北边飞向布宜诺斯艾利
斯。人们在那里等待飞机上的邮包，好让去欧洲的
班机在午夜时分出发。

三位飞行员各自在像驳船般沉重的发动机罩后
面，迷失在茫茫黑夜，思索着他们的飞行，慢慢地
从充满风暴或平静的天空降落到这座巨大的城市，
就像乡巴佬从山上下来一样。

整个航线的负责人利维埃在布宜诺斯艾利斯的停机坪上来回踱步。他一言不发，因为在三架飞机抵达前，这一天对他而言都是可怕的。一分钟又一分钟过去，随着电讯不断传到他那里，利维埃有一种感觉，仿佛从命运手中夺回了什么，未知数在缩小，他将他的机组人员从茫茫黑夜拉回到岸边。

一名操作工走到利维埃跟前，告诉他无线电台发来的一个电讯：

"智利的邮航班机报告说他看到了布宜诺斯艾利斯的灯火。"

"好。"

很快，利维埃就听到了这架飞机的声音：黑夜已经放回了一架飞机，仿佛潮起潮落、神秘莫测的大海终于将漂浮在海上多时的宝贝送回了沙滩。过不了多久，它还会送还另外两架。

到那时，这一天就算结束了。疲惫的机组人员去睡觉，换上另一批精神饱满的机组人员。但是利维埃没有丝毫闲暇：又轮到去欧洲的邮航班机让他担心了。总是如此，周而复始。第一次，这个老斗士惊讶地发现，自己居然感到疲倦。飞机的抵达永远无法和那种结束战争、开启和平时代的胜利相提并论。对他而言，这只是漫漫前路迈出的千篇一律的一步。利维埃觉得长期以来，自己都绷紧双臂，举着一副沉重的担子：一种没有休息、没有希望的努力。"我老了……"如果他无法再从行动中汲取养分，他就老了。他奇怪自己居然开始思考以前从来没有想过的问题。然而，那些他一直回避的柔情，伴着一阵忧伤的呢喃，向他袭来：一片一望无垠的汪洋大海。"这一切竟然是这么近？……"他发觉自己已渐渐将让生活变得温馨甜美的东西推向了老年，推到"等以后有空"。仿佛有一天他真的会空下来，仿佛人们在生命的尽头会得到想象中的幸福安逸。但是安逸并不存在。可能连胜利都谈不上。所有的邮航班机都没有真正意义上的终点站。

利维埃在勒鲁跟前停下，这位老监工还在工作。勒鲁也已经工作了四十年，工作耗尽了他所有的力气。当他在晚上十点左右或午夜时分回到家中，迎接他的不是另一个世界，不是偷得浮生的清闲。利维埃冲他笑了笑，这个男人抬起他那张凝重的脸，指着一根发蓝的钢轴说："拧得太紧，不过我还是把它拧下来了……"利维埃俯身去看那根钢轴。他又干上这行当了。"应该跟车间说一下，把这些零件都松一松。"他用手指摩挲着咬刹，然后又打量起勒鲁来。看着勒鲁深深的皱纹，一个奇怪的问题溜到他的嘴边。他觉得好笑：

"您这辈子好好经营过爱情吗，勒鲁？"

"哦！爱情，您知道，经理先生……"

"您跟我一样，从来没时间。"

"确实不多……"

利维埃仔细听他说话的语气，想知道回答是否苦涩：回答并不苦涩。面对过去的生活，这个男人感受到的是一种平静的满足，就像刚刚将一块木板抛好的光细木工："好了，就这样了。"

"好了，"利维埃想，"我的一生也就这样了。"

他抛开所有因疲惫而生的感伤，朝机库走去，因为飞往智利的班机已经在隆隆作响了。

三

✦

　　远处那台发动机的声音越来越响，越来越成熟。人们已经点了灯。红色航标灯勾勒出机库、天线塔和一块方形的机坪。人们在准备庆祝。

　　"在那里！"

　　飞机已经在探照灯交错的光束中飞行。亮晶晶的，像新的一样。但当它终于在机库前停下来，当机械师和操作工忙着卸邮包时，飞行员贝勒兰却没有动弹。

"怎么啦？等啥呢？还不下来？"

飞行员的心思都在某件神秘的事情上，并不屑于回答。或许他还在聆听体内流过的飞行的声音。他慢慢地点了点头，然后身体前倾，不知道在摆弄什么。最后，他终于向上司和同事转过身来，郑重其事地打量着他们，就像在打量自己的财产一样。他似乎在数、在量、在称，认为自己确实是把他们赢回来了，连同这张灯结彩的机库、这坚硬的水泥地以及更远处的城市：城里的动静、女人和温暖。他将这些人攥在一双大手中，仿佛他们是他的臣民，因为他可以碰他们，听他们说话，骂他们。起先，他想骂他们，骂他们在那里享清福，无性命之忧，有闲情赏月。但他宽宏大量：

"……要请我喝酒！"

然后他就下飞机了。

他想谈谈他的旅行：

"要是你们知道……"

或许觉得讲得够多的了，他走开去脱他的皮衣。

当汽车载着他前往布宜诺斯艾利斯，他变得忧郁，陪他一同前往的是一名无精打采的督察员和沉默不语的利维埃：脱离险境，脚踏实地，中气十足地骂骂咧咧，太爽了！但事后回想起来，却不免生出一丝莫名的疑虑。

和飓风搏斗，至少这是真的，实实在在的。而事物的面目却并非如此，那张它自以为无人看见时才呈现的面目。

"这跟反抗的神情一模一样，脸色几乎没有发白，但变化却那么大！"

他努力回忆。

他当时正静静地飞越安第斯山脉。冬天的积雪妥妥地压在它身上，冬天的雪让群山变得祥和，就像废弃古堡中的悠悠岁月。绵延两百公里的茫茫雪原没有一个人，没有一丝生命的气息，没有任何努力。只有飞机在海拔六千米的高空掠过的陡峭的山峰、直下的悬崖、可怕的寂静。

那是在图彭加托火山山峰附近……

他想了想。是的，就在那里，他目睹了一个奇迹。

起初他什么都没看见，只是感到有些不自在，就像一个人自以为是独自一人，其实却不是，有人在看着他。他感到为时过晚，也不知道怎么搞的，被怒火包围了。就是这样。可怒火从何而来？

他凭什么去猜怒火是从岩石和积雪中渗出来的呢？因为好像什么都没有冲着他来，没有丝毫风雨欲来的迹象，只是在原来的世界上长出一个几乎和它别无二致的世界。贝勒兰望着山峰和山脊，心没来由地揪紧，这些冰雪覆盖的山峰看上去很平静，只是灰了一点点，但它已经活了——像芸芸众生。

无须抗争，他抓紧操纵杆。有什么东西在酝酿，但他不知道是什么。他绷紧肌肉，像一只准备纵身跃起的野兽，但他看到的一切无一不是平静的。是的，平静，但充满了一种奇异的力量。

然后，一切都变尖了，这些山脊、山峰都变尖了：可以感觉到它们像艏柱一样破风而过。接着，他感到它们仿佛在他周围滑动漂移，像一支准备战斗的舰队。再后来，有一股尘土夹杂在空气中升起，像一艘帆船，沿着积雪慢慢漂浮。于是，为了在必要时找到一条退路，他转过身，颤抖了，在他身后，整个安第斯山脉似乎都在发酵膨胀。

"我完蛋了。"

积雪从前面的一个山头喷出来：一座雪的火山。然后是第二个山头，靠右边一点。就这样，所有的山头一个接一个喷发，好像依次被某个看不见的火炬手点燃了。就在此时，随着第一阵空气涡流，飞行员周围的群山摇晃起来了。

　　剧烈的行动几乎没有留下什么痕迹：他再也无法找到关于把他卷进去的大涡流的记忆。他只记得自己曾经在这些灰色的火焰中狂乱地挣扎。

　　他想了想。

　　"飓风没什么大不了的。最终还是捡回一条命。但在这之前！但这样的遭遇！"

　　他以为自己在千百张面孔中认出了一个面孔，殊不知他早已将它忘却了。

四

✦

利维埃看着贝勒兰。这个人二十分钟后下车，将带着疲倦沉重的感觉混迹人群。他或许会想："我累坏了……这鬼差使！"他将对妻子坦露心迹："在家可比在安第斯山脉舒服多了。"然而，让人牵肠挂肚的一切几乎都离他而去了：他刚品尝个中滋味。他刚在风景的另一面度过了几个小时，不知道老天是否还能让他再次看到这座万家灯火的城池，甚至不知道是否还能和儿时既讨厌又亲切的小伙伴们重逢，念着彼此的好和不好。"在各种人群中，"利维埃想，"总有一些不引人注目的人，他们是出色的信徒，但自己却浑然不觉。除非……"利维埃害怕某些崇拜者。他们无法理解冒险的神圣性，他们的赞美歪曲了它的意义，贬低了人的伟大。但贝勒兰恪守了人的伟大，因为他比任何人都更了解某一天世界呈现的真实模样，他毫不客气地把庸俗的赞美都挡了回去。因此，利维埃祝贺他："您是怎么做到的？"他喜欢他，因为他只谈工作，谈论自己的飞行就像铁匠谈论他的铁砧一样。

贝勒兰先解释说他的退路断了。他几乎在道歉："因为我别无选择。"之后他什么也看不见了：风雪迷了他的视线。不过强气流救了他，把他吹上了七千米的高空。"在整个飞行过程中，我大概一直都是贴着山脊飞过去的。"他也谈到了陀螺仪，进气口的位置应该变一变：雪把它堵住了。"这会冻住的，您知道。"后来，其他气流又让贝勒兰栽了跟头，落到近三千米时，他再也无法明白为什么自己还没撞上任何东西。那是因为他已经飞到平原上空了。"当我冲到晴空中时才突然发现这一点。"他最后解释说，那一刻，他有一种从洞穴里钻出来的感觉。

"门多萨也有风暴吗？"

"没有，我降落时天晴，无风。不过风暴紧跟着我。"

他把风暴描绘了一番，因为他说："这实在是太奇怪了。"风暴顶端高高地消失在雪一般的云堆里，但像黑色岩溶一样在平原上翻滚。城市一个接一个地被吞没了。"我从没见过这样的……"然后他沉默不语，被某个回忆攫住了。

利维埃向督察员扭过头。

"这是太平洋的飓风。他们通知我们时已经迟了。不过这些飓风从来不会越过安第斯山脉。"

人们只预报说它朝东部推进。

对此一无所知的督察员表示赞同。

督察员看起来有些犹豫，他朝贝勒兰转过身，喉结动了动，但没说话。一番思量后，他目光直视前方，重新恢复了忧郁的矜持。

就这样，他带着忧郁和一件行李，四处奔波。他是前一天晚上到阿根廷的，利维埃叫他来打点杂务，他觉得自己被大材小用了，有点伤督察员的自尊。他没有权利崇尚标新立异、激情四射：因为工作的缘故，他只能崇尚严谨守时。他没有权利和大伙去喝一杯，和同事称兄道弟、逗趣卖乖，除非巧得不能再巧了，他在同一个中途站遇到另外一个督察员。

"当督察可真不容易。"他心想。

说实话，他也不作什么评判，只是摇摇头。他六亲不认，遇到什么事，都只是慢慢地摇头。这让心亏的人惶恐不安，但有利于设备的保养。他不招人喜欢，因为督察员一职天生就不是讨好卖乖，而是要打报告的。自从利维埃写下这种话："请督察员罗比诺向我们提供报告，而不是诗。激励员工的工作热忱才是督察员罗比诺的职责所在。"他就放弃了提出新方法和技术上的解决方案了。从那以后，他就像每天不错过吃面包一样，不放过同事的种种缺点过失：喝酒的机械师、熬通宵的机场场长、着陆时要弹几下的飞行员。

利维埃评价他说："他不是很聪明，正因为这样才干得好。"对利维埃来说，他制定规章制度是基于对人的了解，但对罗比诺来说，他只要了解规章制度就好了。

有一天，利维埃对他说："罗比诺，无论哪个起飞误点，您都该扣他的准点奖。"

"即使遇到不可抗力？即使遇到雾天？"

"即使遇到雾天。"

罗比诺为有这样一位铁腕上司而感到自豪，这样他就不用担心自己不公正了。罗比诺自己也从这种不怕得罪人的权力中得到了威严。

"您是六点十五发的起飞信号，"这以后，他翻来覆去对机场场长们说的就是这句话，"因此我不能给您发奖金。"

"可是，罗比诺先生，五点半的时候，能见度不到十米。"

"这是规定。"

"可是罗比诺先生，我们又没办法把大雾驱散！"

罗比诺眯也不眯，摆出一副高深莫测的样子。他属于领导层，在这些没有主见的人当中，只有他懂得如何靠惩罚员工来提高准点率。

"他不动脑筋，"利维埃这样说他，"也就不会动歪脑筋。"

如果一名飞行员损坏了飞机，他就得不到完好无损奖。

"可如果事故发生在树林里呢？"罗比诺问道。

"就算发生在树林里也一样。"

罗比诺就把这句话当作依据。

"我很抱歉，"之后他带着一种无比陶醉的神情对飞行员说，"我抱歉之至，应该让事故发生在其他地方。"

"可是罗比诺先生，这也由不得我们选啊！"

"这是规定。"

"规章制度，"利维埃心想，"就像宗教仪式，看似荒谬，却可以塑造人。"利维埃并不在意显得公正或是不公正，这些词对他而言甚至可能没有意义。小城里的小资阶层晚上围着乐池转，利维埃想："对他们而言，公正或不公正都没有意义，因为它们根本不存在。"对他而言，人就像一团生蜡，需要塑造。必须赋予这块材料一个灵魂，创造一个意志。他并不想用这种强硬的手段去奴役他们，而是激励他们突破自己。所有飞机晚点都要受罚，这的确有欠公正，但却坚定了每个中途站准点出发的意志；他在打造这种意志。他不允许人们看到坏天气就跟得到休息延长的邀约似的，而是让他们严阵以待等待放晴，等待甚至让最默默无闻的操作工都觉得受到了侮辱。因此，大雾刚散开一点，大家就抓紧机会："北面放晴了，上路吧！"多亏了利维埃，在一万五千公里长的航线上，人们对邮航班机的崇拜高于一切。

利维埃有时会说：

"这些人是幸福的，因为他们热爱自己的工作，他们热爱自己的工作是因为我的铁石心肠。"

他也许让人痛苦，但也能为他们带来强烈的快感。"应该督促他们，"他心想，"过一种热烈的生活，有苦痛，有欢乐，只有这样的生活才算生活。"

当汽车进城里时，利维埃让司机载他去公司的办公室。罗比诺，独自留在贝勒兰身边，看着他，张嘴要讲话。

五

✦

　　但罗比诺今晚累了。他刚刚发现，面对凯旋的贝勒兰，自己的生活很灰暗。他尤其发现，即使有督察员的头衔和权威，他仍然比不上这个疲惫不堪、瘫坐在汽车角落里闭着眼睛、满手油污的人。罗比诺头一次有了钦佩之情。他想要说出来，他尤其想要得到友情。旅行和白天的挫折让他疲惫不堪，或许甚至让他觉得自己有些可笑。晚上查验汽油库存时，他把账算糊涂了，还是那个他原本想找茌的员工慈悲心肠帮他核算准确。但尤其让他心塞的是，他在批评 B6 型油泵的安装时将它同 B4 型油泵混为一谈，而那些阴险狡诈的机械师居然任由他斥责"一个不可饶恕的无知"——实则是他自己的无知——长达二十分钟之久。

他也怕自己的旅店房间。从图卢兹到布宜诺斯艾利斯，每天下班后，他无一例外总要回到那里。他把自己关在里面，心头压着沉甸甸的秘密，从行李箱里抽出一沓纸，慢慢写"报告"，胡乱写几行，又全都撕掉。他一直希望自己可以救公司于危难之中，但公司并没有遇到任何风险。到目前为止，他只救过一只生锈的螺旋桨毂。他当着一个机场场长的面，神情阴郁，手指在这块锈迹上慢慢地摸来摸去，而机场场长却回答他说："您去问上一个中途站吧，这架飞机刚刚到的。"罗比诺对自己扮演的角色产生了疑虑。

为了接近贝勒兰，他大着胆子问了一句："您愿意跟我一起吃饭吗？我想跟人聊聊，我的工作有时太刻板……"

为了不太快地自降身份，他马上纠正说：

"我的责任重大啊！"

他的下属都不大喜欢和罗比诺有私交。每个人都想：

"如果他还没找到任何材料写报告，饥不择食时，他会吃了我的。"

但是今晚，罗比诺想到的，只是自己的苦楚：身体正受讨厌的湿疹的折磨，这是他唯一真正的秘密，他多想找人倾诉这件事，让别人同情他。因为你傲气十足的时候是得不到一丝安慰的，只能低声下气去寻找。在法国，他有一个情妇，回去后，夜里他会跟她讲视察工作，以此炫耀自己并博得她的爱慕，但她偏偏不吃这一套，他也想跟别人聊聊她。

"那么，您跟我一起吃晚饭？"

个性温厚的贝勒兰答应了。

六

✦

布宜诺斯艾利斯办公室里的秘书们正在打瞌睡的时候，利维埃进来了。他还穿着大衣戴着帽子，看起来总像一个永远在路上的过客，而且经过时也很少引人注意，他那矮小的身材走路几乎不带风，灰白的头发和普普通通的衣服在任何地方都不起眼。但随着他进门，一股热忱让人们活跃起来。秘书们忙碌起来，办公室主任赶紧查阅最新的文件，打字机哒哒哒响起来了。接线员把插头插进电话交换机，把电报登记在一本厚厚的本子上。

利维埃坐下来看文件。

看完智利那场惊心动魄的考验，他又读了平安无事的一天的记事，飞机一站站抵达后机场发来的电讯都是言简意赅的捷报。巴塔哥尼亚的邮航班机也在飞速前进：有望提前抵达，因为由南向北吹的风提供了有利飞行的气浪。

"把气象报告给我。"

每个机场都在吹嘘自己那里天气晴朗、碧空如洗、和风习习，黄昏已经给美洲披上了金色的余晖。利维埃因一切顺利而高兴。现在这架邮航班机正在某处奋斗，在黑夜中冒险，但它的运气是再好不过了。

利维埃推开本子。

"好了。"

然后，这个守护着半个世界的守夜人出去到各个部门都看一眼。

在一扇敞着的窗户前，他停了下来，去感受黑夜。黑夜已经笼罩了布宜诺斯艾利斯，同时，像一个恢宏的殿堂笼罩着美洲大陆。他对这种伟大的感觉并不惊讶。智利圣地亚哥的天空，那是异国的天空，但是，一旦班机启程飞往圣地亚哥，从航线的这一端到那一端，人们就生活在同一个辽阔悠远的苍穹之下。另一架班机，现在人们正通过无线电耳机守候着它的声音，巴塔哥尼亚的渔民看见它的航行灯正在闪闪发光。当飞行中的飞机引起的焦虑压在利维埃心头，伴随着发动机的轰鸣，也压在了各国首都和外省的上空。

为这个云开雾散的澄明之夜感到幸运的同时，他也回想起那些乱糟糟的晚上，飞机仿佛深陷绝境，难以搭救。人们通过布宜诺斯艾利斯的电讯站追踪它夹杂在暴风雨中的呲呲声，在低沉的电波中，有动人的仙乐在消逝。当一架邮航班机发出的微弱歌声像一支盲目的箭射向障碍重重的黑夜，这是多么凄凉！

利维埃认为，守候班机的夜晚，督察员的位置应该在办公室。

"把罗比诺给我找来。"

罗比诺几乎就要和一位飞行员交上朋友了。他已经在旅馆里，当着飞行员的面打开了自己的行李箱，倒出一些普普通通的小东西：几件俗气的衬衫，一套洗漱用品，还有一张消瘦的女人的照片。督察员把照片钉在墙上，这些东西让督察员显得和其他男人也没什么两样。他就这样低调地向贝勒兰吐露自己的需求、他的柔情和遗憾。他把这些宝贝胡乱地排成一排，把自己可悲的境遇摊在飞行员面前。这是精神上的湿疹。他展示了困住自己的牢狱。

但是，对罗比诺如同对所有人一样，也存在着一线光明。当他从箱底掏出一个精心包裹的小包时，他感到了脉脉的深情。他轻轻抚摸着这个小包，摸了很久，一言不发。最后，他终于松开手：

"这是我从撒哈拉沙漠带回来的……"

督察员因为鼓起勇气跟人坦露心迹而红了脸。这些黑不溜秋的小石子打开了一扇通往神秘世界的门，让他的种种挫折、婚姻不幸和所有灰暗的现实都得到了慰藉。

他的脸更红了：

"在巴西也能找到一样的……"

贝勒兰轻轻拍了拍沉浸在亚特兰蒂斯[1]中的督察员的肩膀。

同时也因为不好意思，贝勒兰问道：

"您喜欢地理？"

"那是我的嗜好。"

生活中，只有这些石子，给过他温情。

当有人来叫他的时候，罗比诺很伤心，但恢复了矜持。

"我得离开您了。利维埃先生有一些重要的决定要跟我商量。"

当罗比诺走进办公室时，利维埃已经把他忘了。他站在一张挂在墙上的地图前面沉思，地图上用红线画出了公司的航空网。督察员等着他的命令。漫长的几分钟过去，利维埃头也不回地问他：

"罗比诺，您觉得这幅地图怎么样？"

1　亚特兰蒂斯（Atlantide）意为"阿特拉斯的岛屿"，指大西洋岛、大西国、大西洲，是传说中拥有高度文明的古老大陆、国家或城邦之名，最早的描述出现在柏拉图的《对话录》中，据称它在公元前一万年左右被史前大洪水毁灭。

他从沉思中回过神来，有时会问一些莫名其妙的问题。

"这张地图，经理先生……"

老实说，督察员对此一点想法都没有，但他还是神情严肃地盯着这张地图，大概地审视了一下欧洲和美洲。而利维埃又陷入沉思，没把自己的想法告诉他："这张航空网的面容美丽又严峻。它让我们牺牲了很多人，很多年轻的生命。它现在带着基业已成的威风独霸一方，但是它给我们出了多少难题啊！"不过，对利维埃来说，目的高于一切。

罗比诺站在他身边，一直盯着眼前的地图，慢慢挺直了腰。他不指望从利维埃那里得到丝毫同情。

有一次，他曾经想碰碰运气，向他坦白自己可笑的毛病把生活给毁了，利维埃回了他一句俏皮话："它让您睡不着觉，但它也让您变得更活跃。"

这只能算半句俏皮话。利维埃常说："如果音乐家的失眠让他创作出美妙的作品，那失眠就是美好的失眠。"有一天他指着勒鲁说："瞧瞧，丑成这样多好啊，丑得把爱情都吓跑了……"勒鲁了不起的地方，也许都得归功于他的丑陋，让他的生活简化到只有工作。

"您和贝勒兰交情很深吗？"

"呃……"

"我并没有怪您的意思。"

利维埃折回来，低着头，迈着小步，拉着罗比诺和他一道。他的嘴角浮起一丝苦笑，罗比诺不明白是怎么回事。

"只是……只是您是上司。"

"是。"罗比诺应道。

利维埃认为，每天晚上，空中发生的事情跟一出戏一样。意志薄弱就会招致失败。从此刻到天亮，也许还得苦战一场。

"您应该继续扮演您的角色。"

利维埃字斟句酌地说：

"或许明晚您就得命令这个飞行员做一次危险的飞行，而他必须服从命令。"

"是的……"

"您几乎支配着这些人的命运，而这些人，他们比您更有价值……"

他似乎有些犹豫。

"这一点，很重要。"

利维埃一直迈着小步，沉默了几秒钟。

"如果他们是出于交情而服从您，您就是在欺骗他们。您本人没有权力要求别人作出任何牺牲。"

"没有……当然没有。"

"如果他们认为您跟他们的交情可以让他们免去某些苦差事，您同样也欺骗了他们：因为他们必须服从命令。您坐那里。"

利维埃用手轻轻地把罗比诺朝他的办公桌那边推。

"我要让您摆正自己的位置，罗比诺。如果您累了，也不该让这些人来支撑你。您是上司。您的软弱很可笑。写吧。"

"我……"

"写下来：'督察员罗比诺因某个理由给飞行员贝勒兰某种处分……'您随便找个理由。"

"经理先生！"

"就当您明白我的意思了，照办吧，罗比诺。关爱听命于您的手下。但不要告诉他们。"

罗比诺再次热衷于让人擦拭那些螺旋桨毂了。

一个迫降场发来电讯："看见飞机。飞机发出信号：降低转速，即将着陆。"

可能会耽搁半小时。利维埃了解这种烦躁的心情。当快车中途停车，时间一分钟一分钟过去，但车子一动不动。时钟的大指针现在描绘的是一片死气沉沉的空间：在圆规的这个跨度里，本来可以容纳多少事件发生啊。为了排遣等待的焦急，利维埃走了出去，夜在他眼中就像一个没有演员的舞台。"这样一个良宵却被虚度了！"透过窗，他有些怨恨地看着那繁星点点的明朗夜空，那神圣的航标系统、那月亮，良辰美景全白费了。

但是，一旦飞机起飞，这个夜晚在利维埃眼里又变得美丽动人，因为它怀揣着生命。利维埃对它很关心：

"你们遇到什么天气？"他让人询问机组人员。

十秒钟过去：

"大晴天。"

接着传来他们飞过的几个城市的名字。对利维埃来说，这些都是在这场战役中已经攻陷的城市。

七

✦

　　巴塔哥尼亚邮航班机上的报务员，在飞了一小时后，感觉好像有一个肩膀在轻轻挤他。他环顾四周：厚厚的云层让星星变得黯淡。他俯身看地面，他在寻找村庄的灯光，它们就像藏在草丛中发光的萤火虫，然而在黑黢黢的草丛中，没有一点亮光。

　　他情绪低落，隐约感到这一夜会很难过：前进，后退，领土得而复失。他不明白飞行员的策略；他觉得就在不远处他们似乎会栽进沉沉黑夜，就像一头撞在墙上。

现在，他发现迎面的地平线上有一道不易察觉的微光，仿佛打铁迸出来的火星。报务员碰了碰法比安的肩，但后者一动不动。

远方暴风雨最初的几阵涡流开始袭击飞机。金属机身被轻轻托起，就连报务员的身体也感受到了金属的压迫，之后压迫感消失了，溶化了，有几秒钟，他孤零零地在飘浮。于是，他双手紧紧拽住钢翼梁。

现在满世界他什么也看不见，除了座舱里的那盏红灯，他感到自己正坠入夜的中心，没有救援，只有一盏小矿灯庇护着他，他不禁打了个寒战。他不敢打扰飞行员，问他有什么打算，只是双手紧握钢翼梁，身体倾向前座的飞行员，直直地望着他黑乎乎的后脑勺。

只有一动不动的头和肩膀在微弱的光线中浮现。这个身躯只是一团黑影，微微有点向左靠，面向暴风雨，可能正受着每一道亮光的洗礼。但报务员完全看不到这张脸上的表情。所有迎战暴风雨的情绪都印在这张脸上：那抿紧的嘴、那意志、那怒火，在这张苍白的脸和那边倏忽的电光之间交流着最本质的东西，这一切对报务员而言都是无法一探究竟的。

然而，他还是隐约感到在一动不动的阴影中聚集的力量。他爱这股力量。它可能正将他带向风暴，但它同时也在庇护他。或许那双紧握操纵杆的手已经像扼住野兽的脖子一般扼住了风暴，充满力量的双肩依然纹丝不动，但让人感到里面积聚了深厚的潜力。

报务员心想，无论如何，责任都在飞行员身上。此刻，他坐在他身后朝烈火奔去，品味着眼前这团黑影所表现出来的质感和厚重，还有它的耐力。

左边，又一处火光亮了，微弱的光芒像一明一灭的灯塔。

报务员正准备伸手去拍法比安的肩膀，想通知他，却看到他慢慢转过头，和新的敌人对峙了几秒钟，然后，慢慢恢复原先的姿势。他的双肩始终纹丝不动，脖子靠在皮椅背上。

八

✦

利维埃出去溜达了一下，为了排解再次袭来的
不适，他是个只为行动、为激动人心的行动而活的
人，此刻正奇怪地感到剧情有了翻转，成了他个人
的内心戏。他想，小城里的那些围着他们的乐池的
小资阶层过着一种貌似平静的生活，但有时也会充
满戏剧性：疾病、爱情、丧葬，也可能……他自己
的痛苦教会了他很多东西。"这打开了某些窗户。"
他心想。

大约晚上十一点的时候，他感觉呼吸畅通些了，于是朝办公室的方向走去。他慢慢地用肩膀顶开滞留在电影院门口的人群。他抬眼看天上的星星，它们在这条狭窄的街道上空闪烁，在耀眼的广告牌的映照下几乎消隐了。他心想："今晚，我有两架邮航班机在飞，因此我要对整个天空负责。这颗星是一个征兆，它在人群中寻找我，找到了我：这就是为什么我总觉得自己有些与众不同，有些孤独。"

他的脑海中忽然响起一段乐曲：昨天和几个朋友一起听过的一支奏鸣曲里的几个音符。他的朋友听不懂："这种艺术我们觉得烦，您也觉得烦，只是您不承认罢了。"

"或许吧……"他回答。

当时的他就像今晚一样，也感到孤独，但很快他就发现了这种孤独的宝贵。这首曲子带着隐秘的温情将信息传递给他，一群庸人当中只传递给了他。那颗星的寓意也一样，越过那么多人的肩膀，用一种只有他能听懂的语言。

在人行道上，他被人推来搡去；他还在想："我不会生气。我就像个父亲，有一个生病的孩子，在人群中小步前进。他背负着一个家庭的静默。"

他抬眼看人群，试图去辨认人群中那些怀揣着发明的梦想或爱情在漫步的人，他想到灯塔看守人的孤单。

他喜欢办公室的安静。他慢慢穿过一间间办公室，只听见自己的脚步声响。打字机在罩子下沉睡，整齐的卷宗在大柜子里锁着。十年的经验和工作，突然一闪念，他觉得自己是在参观一家银行的金库；沉甸甸的都是财富。他觉得每本册子里积累的东西比黄金更珍贵：那是一种鲜活的力量。一种尚在沉睡的鲜活的力量，就像摆在银行里的黄金。

他会在某处碰见唯一一个值夜班的秘书。他在某处工作，为了让生命延续，为了让意志延续，就这样，从一个中途站到下一个中途站，从图卢兹到布宜诺斯艾利斯，整条航线就不会中断。

"这个人不知道自己的伟大。"

邮航班机正在某个地方奋战。夜航就像生病：必须要有人守护。必须帮助这些人，他们用双手和膝盖、用胸膛去迎战黑暗，他们什么都不认识了，什么也看不见，除了那些活动着的、看不见的东西，他们必须借助盲目的双臂让自己逃脱，就像在海上逃生一样。有时飞行员说出来的话真是可怕："我照亮我的双手，只为了看看它们……"在暗室红灯下照亮的只有这双天鹅绒般的手。这是世上留下的、需要拯救的一切。

利维埃推开运营部办公室的门，里面只有一盏灯亮着，在一个角落幻化出一片明亮的沙滩。只有一台打字机在嗒嗒作响，并没有打破这份寂静，而是赋予了它一种意义。电话铃声时不时响起，值班秘书便起身朝这一声声重复、固执又忧伤的呼唤走去。值班秘书拿起听筒，于是无形的焦虑便平息了：黑暗的角落里传来一阵轻柔的通话声。之后秘书不动声色地回到自己的办公桌，孤独和睡意遮住了他脸上无法解读的秘密。当两架邮航班机在天上飞的时候，从外面的黑夜里传来的这一通电话会带来什么威胁？利维埃想到那些和聚在夜灯下的家庭休戚相关的电报，又想到不幸，在几乎定格成永恒的几秒钟里，成了父亲脸上的秘密。起初只是无力的电波，那么平静，离发出呼唤的地方那么遥远。每一次，他在这轻轻的电话铃声中听到自己微弱的回声。而每一次，因孤独而行动缓慢的值班人员，像两股水流中的游泳者，从阴影处走回到他的灯前，像潜水者浮出水面一样，他在利维埃看来都充满了秘密。

"待着别动，我去接。"

利维埃拿起听筒，听到嘈杂声。

"我是利维埃。"

一阵轻微的杂音，然后一个人声：

"我给您接无线电站。"

又一阵杂音，是插头插入电话交换机的声音。然后另一个人声：

"我是报务员。我们有几份电报向您汇报。"

利维埃一边记录一边点头：

"好……好……"

没什么要紧的事。例行的公务电文。里约热内卢咨询一个信息，蒙得维的亚说了天气状况，门多萨提到器材。都是些平常的信息。

"邮航班机呢？"

"暴风雨天气。我们听不见飞机的声音。"

"好的。"

利维埃心想，这里夜空澄明，星光闪耀，但无线电报务员却发现其中有远方暴风雨的气息。

"一会儿再联系。"

利维埃站起身，秘书走过来：

"几份部门公告，需要签名，先生……"

"好的。"

利维埃发现自己对这个人怀着深厚的友情，他也肩负着黑夜的重担。"一个战友，"利维埃心想，"可能他永远都不会知道这次守夜把我们维系得多么紧密。"

九

✦

　　当利维埃捧着一沓文件回到自己的办公室时，他又感到身体右侧传来一阵剧痛。几个星期以来，这种剧痛一直折磨着他。

　　"不行了……"

　　他在墙上靠了一秒钟。

　　"荒唐。"

　　然后他挪到扶手椅上。

　　又一次，他感觉自己像一头被捆住的老狮子，一股凄凉之情顿时将他淹没了。

"真是积劳成疾啊！我五十岁；五十年来，我让自己生活充实，塑造自我；我奋斗过，扭转过乾坤，而现在，最让我操心的是浑身的病痛，比全世界都有过之而无不及，这太荒唐了。"

他缓了缓，擦了擦汗，当剧痛消退，他又工作起来。

他慢慢审批公文。

"布宜诺斯艾利斯，我们在 301 号发动机拆卸过程中发现……我们将给当事人严厉的处分。"

他签了字。

"弗卢里亚诺普利斯中途站没有遵守指令……"

他签了字。

"为整顿纪律作风，我们拟调动机场场长理查，此人……"

他签了字。

身体一侧的疼痛虽然已经麻木了，但始终存在，这种感觉对他而言是全新的，仿佛生活又多了一处新意，让他不得不当心自己，但这滋味几乎是苦涩的。

"我到底是公正还是不公正？我不知道。如果我惩罚严明，故障就会减少。该负责任的不是人，而是一股隐秘的力量，如果不触动每个人，就永远触动不了这股力量。如果我凡事讲公正，那每一次夜航都有送命的可能。"

　　开拓这条道路是如此艰难，他忽然感到有些倦怠。他想，慈悲是好事。他一直在批阅公文，沉浸在自己的思绪里。

　　"……至于罗布雷，从今天起，他就不再是我们的员工了……"

　　他脑海中浮现出这位上了年纪的好好先生，想起傍晚的谈话：

　　"惩一儆百，您以为呢，这是惩一儆百。"

　　"可是先生……可是先生……一次，就这一次，再考虑考虑吧，我在这儿干了一辈子了！"

　　"必须惩一儆百。"

　　"可是先生……您看看，先生！"

　　于是又是那只旧皮夹和那张旧剪报，在剪报上，是年轻的罗布雷站在一架飞机旁边摆了个姿势拍的照片。

利维埃看到这双苍老的手在纯真年代的荣誉面前颤抖着。

"1910 年照的，先生……阿根廷的第一架飞机，就是我在这里装配的！从 1910 年开始我就干航空这一行了……先生，整整二十年了啊！那您怎么还能说……那些年轻人，先生，他们在车间里会怎么笑话我啊！……啊！他们一定笑得厉害！"

"这与我无关。"

"那我的孩子们呢，先生，我有孩子啊！"

"我已经跟您说过了：我给您安排了一个操作工的岗位。"

"我的面子，先生，我的面子往哪里搁！您想啊，先生，二十年的从业经验，一个像我一样的老工人……"

"操作工。"

"我不干，先生，我不干！"

苍老的双手在发抖，利维埃把目光从那张皱巴巴、厚实、健康的脸上挪开。

"操作工。"

"不，先生，不……我还想跟您说……"

"您可以走了。"

利维埃想："我用这种粗暴的方式辞退的不是他，而是那件可能不应由他负责却由他而起的灾祸。"

"因为事情都是由人指挥的，"利维埃想，"它们服从指挥，人才能有所创造。人是可怜的东西，自身也是需要受到锻造的。当灾祸由他们而起，那就要把他们开掉。"

"我还要跟您说……"这个可怜的老人想说什么呢？说别人剥夺了他多年的乐趣？说他喜欢听工具敲打在飞机钢铁上的声音？说别人夺走了他生命中的伟大诗篇？还有……说他还得过日子？

"我太累了。"利维埃想。他在发烧，热度在上升，柔柔的。他拍了拍文件，心想："我本来挺喜欢这个老伙伴的脸的……"然后利维埃又看看那双手。他想到这双手在合拢前所做的细微动作，只要说一句"行，行，留下来吧"，利维埃也期待看到喜悦之情如泉水流淌到这双苍老的手中。由一双工人苍老的手，而不是他的脸流露出来的喜悦，在他看来是世界上最美好的东西。"我把这份公告撕了？"他仿佛看到老人晚上回家，在家人面前那份朴实的自豪：

"那么说，他们把你留下来啦？"

"这不明摆着吗！阿根廷的第一架飞机可是我装配的！"

这样年轻人也不会笑话他了，老前辈挽回了声誉……

"我撕了？"

电话铃响了，利维埃拿起听筒。

过了好一会儿，然后是风和空间带给人声的共鸣和悠远的感觉。终于有人说话了：

"这里是机场，您哪位？"

"利维埃。"

"经理先生，650号已进入跑道。"

"好。"

"一切准备就绪，但在最后关头，我们不得不重接了电路，接线有问题。"

"好。电路是谁接的？"

"我们去核实。您同意的话，我们将会作出处分：航行灯出故障，这事非同小可。"

"当然。"

利维埃想："不论哪里出错，如果不清除祸端，那一旦遇到，灯就会出故障：一旦错误找到它的假借之手，而我们还放过它，那就是罪过。罗布雷得开掉。"

秘书什么也没看见，一直在打字。

"这是？"

"半个月的报表。"

"为什么还没做好？"

"我……"

"我们以后再谈。"

"真奇怪，事情总是由不得人做主，就像一股巨大的隐秘的力量显现出来，和把原始森林连根拔起的力量是一样的，它在宏伟事业的周围到处滋生、发力、涌现。"利维埃想到被小小的爬藤毁掉的殿堂。

"一项宏伟的事业……"

为了让自己心安理得，他又想道："所有这些人，我都爱他们，但我要反对的不是他们，而是由他们引起的……"

他的心跳得很快，这让他感到难受。

"我不知道我做得对不对。我不知道人生、公正和忧愁的确切价值。我无法确切地知道一个人的快乐到底意味着什么。也无法确切地知道一双颤抖的手、同情和温柔到底意味着什么……"

他浮想联翩：

"生活是如此自相矛盾，在生活中人们只能尽量去应对……要延续，要创造，要用这具易朽的身躯去交换……"

利维埃思考着，然后按铃。

"打电话给欧洲邮航班机的飞行员，让他出发前来见我。"

他想：

"不能让这架邮航班机白白地中途折返。如果我不给手下人鼓鼓气，黑夜就永远让他们胆战心惊。"

十

✦

飞行员的妻子被电话吵醒，看着自己的丈夫，心想：

"我再让他睡会儿吧。"

她欣赏着他赤裸的、流线型的胸脯，让她联想到一艘漂亮的轮船。

他在这张平静的床上歇息，就像船只停泊在码头，为了让他的睡眠不受打搅，她用手指抚平了那道褶皱，那团阴影和波浪，她让床平静下来，就像神仙的手一指，大海就风平浪静。

她起身，打开窗，夜风扑面而来。这个房间可以俯瞰布宜诺斯艾利斯。隔壁房子里有人在跳舞，乐曲随风飘来，这是娱乐和休息时间。这座城市把人塞在十万个堡垒里；一切宁静安定；但在这个女人眼里，好像马上就有人要高喊"拿起武器"！但只有一个人，她的男人，需要挺身而出。他还在休息，但他的休息是后备军冲锋陷阵前可怕的休息。这座沉睡的城市保护不了他：当他像年轻的神一般从尘世飞升到空中时，城市的灯火对他而言毫无用处。她看着他那结实的手臂，一小时后，它们将承担起欧洲邮航班机的命运，肩负重大使命，就像守护一座城池的命运一样。她有些心慌意乱。在上百万人当中，唯独只有他这个男人准备去接受这种非同寻常的牺牲。她为此心生惆怅。她的柔情也留不住他，她曾经给他做饭、照顾他、爱抚他，不是为她自己，而是为这个即将夺走他的黑夜，为她一无所知的抗争、焦虑和凯旋。这双温柔的手只是暂时被她驯服，它们真正的工作是秘密的。她熟悉这个男人的微笑，熟悉他情人般的体贴入微，却不了解他在暴风雨中神圣的怒火。她用种种温柔的羁绊牵住他：音乐、爱情、鲜花；但是，每到出发时刻，这些牵挂纷纷断了，他却似乎无动于衷。

他睁开眼睛。

"几点了？"

"午夜。"

"天气怎么样？"

"我不知道……"

他起身，慢慢朝窗户走去，边走边伸懒腰。

"我应该不会挨冻。什么风向？"

"我怎么知道……"

他俯下身：

"南风。很好。至少到巴西前不会变。"

他留意到月亮，觉得自己运气不错。接着他俯瞰整个城市。

他觉得城市既不温柔也不明亮，还不暖和。他已经看到城市的灯光像虚无的沙子般消失殆尽。

"你在想什么？"

他在想阿雷格里港那边可能有雾。

"我有我的办法。我知道从哪儿绕过去。"

他的身子一直向前倾着。深呼吸，仿佛他就要光着身子纵身跳进大海。

"你甚至都不难过……你要去多久？"

一星期，十天？他不知道。难过，不，为什么要难过？这些平原，这些城市，这些山脉……他觉得自己是自愿去征服它们的。他还想，不用一个小时，他就将占领布宜诺斯艾利斯，然后再将它甩在身后。

他笑了：

"这座城市……我很快就会离它远去。夜里出发真美妙，一拉油门，面朝南，十秒钟后，风景翻了个个儿，面朝北了。城市就像沉在海底。"

她想到的是他为了征服而要抛舍的一切。

"你不爱自己的家吗？"

"我爱自己的家……"

但是他妻子感觉他已踏上征程。他那宽阔的肩膀已经扛住了夜空。

她把天空指给他看：

"你遇上了好天气，你的路上铺满了星星。"

他笑了：

"是啊。"

她把手搭在他肩上，感受到它的温热，动了情：这血肉之躯真的有危险？

"你很强壮，但还是要小心！"

"我当然会小心的……"

他还在笑。

他穿衣服。为了这个节日，他挑选了最粗糙的布、最沉的皮革，他穿得像个农民。他越变得笨重，她越欣赏他。她亲自给他扣腰带、提靴子。

"这双靴子穿得不舒服。"

"换另一双吧。"

"给我找根绳子，系我的救急灯。"

她打量着他，亲手弥补了这副甲胄的最后一个缺陷：一切都妥当了。

"你真帅。"

她看见他正在仔细地梳头。

"给星星看？"

"是为了不让自己觉得自己老了。"

"我嫉妒……"

他还在笑，吻她，紧紧地把她搂在怀里，贴着自己笨重的衣服。接着，他伸直双臂，像举起一个小女孩一样将她举起，一直笑着，把她放到床上："睡吧。"

他在身后关上了门，在街上，在看不真切的夜行人中间，他迈出了征途的第一步。

她待在那里，忧郁地看着那些花、那些书、那份温柔，这一切对他而言，只是沉在海底的风景了。

十一

✦

利维埃接待他。

"您在最近一次飞行中跟我开了个玩笑。气象情况良好,您却给我中途折了回来,明明可以飞过去的。您当时害怕了?"

飞行员觉得意外,沉默不语。他慢慢摩挲着手,然后,他抬起头,面对面看着利维埃:"是的。"

利维埃从心底怜悯这个男孩,那么勇敢的人,居然也害怕了。飞行员试图为自己辩解。

"我当时什么都看不见。当然，再远一点……也许……无线电报告说……但是我的舷灯变暗了，我看不到自己的双手。我本想打开航行灯，至少能看见机翼，但我什么也看不见。我感觉自己仿佛掉进一个大洞的深处，很难再爬升上来。而就在那时，我的发动机开始颤动。"

"不可能。"

"不可能？"

"不可能。事后我们检查过发动机，好好的。但是，每次人们害怕的时候，总以为发动机在颤动。"

"谁能不害怕啊！群山向我压过来。当我想爬升时，我遇到了强涡流。您知道当什么也看不见时……涡流……我不但没能爬升，反而跌了百来米。我甚至连螺旋仪和压力表都看不见了。我感觉发动机的转速下降了，发烫，油压也在降……所有这一切，在黑暗中，就跟染了病一样。我很高兴能重新见到一座光明的城市。"

"您想象力太丰富了。走吧。"

于是，飞行员走了。

利维埃往扶手椅上一靠，用手捋了一下灰白的头发。

"这是我的飞行员中最勇敢的一个。他那天晚上做的事很了不起，但是我把他从恐惧中救了出来……"

接着，一丝软弱又袭上心头：

"想让别人喜欢自己，只要同情别人就行。我从不同情，就算有也藏在心里。但我也喜欢被友情和人间的温暖所包围。医生在他行医时能感受到这些。而我要促成的是一桩桩事情。我必须锻炼这些人，让他们能办成这些事。晚上在办公室，面对飞行航程表，我深切地感受到这条隐秘的法则！如果我放任自流，如果我放任那些严格规定的事情自由发展，那么稀奇古怪的事故就会发生。好像只有我自己的意志才能阻止飞机在飞行途中失事，或阻止暴风雨延误邮航班机起飞。有时，我也惊讶于自己的能力。"

他还在沉思：

"也许这很容易明白。就像园丁在草坪上不断地劳作。单凭他一只手的力道，就把永远在土里孕育的森林扼杀在萌芽之中。"

他想到了那个飞行员:

"我把他从恐惧中救了出来。我要打击的不是他,而是他身上的那股让人们在未知面前瘫痪崩溃的阻力。要是我听他诉苦,同情他,把他经历的险阻当真,那他定会相信自己刚从一个神秘的国度回来,而神秘正是人们唯一害怕的东西。应该让神秘不复存在,应该让这些人下到漆黑的井里,再让他们上来,并让他们说他们其实什么也没遇到。应该让这个人坠入夜的中心,黑暗重重,甚至连那盏只能照亮双手或机翼的小矿灯也不用,只用他那宽阔的肩膀去避开未知。"

然而,在这场抗争中,一种无声的情谊将利维埃和他的飞行员们从心底维系在一起。他们都在同一条船上,都怀着同一种征服的欲望。利维埃想到其他几次他为了征服黑夜所进行的战斗。

圈内人都害怕这个幽暗的领地,就像一片未开垦的荆棘丛林。派一个机组,以两百公里的时速,朝暴风雨、浓雾、黑夜掩盖下的障碍物飞去,在他们看来，让空军去冒这种险还情有可原：飞机在月明之夜飞离机场去轰炸，然后返回原地。但正常的航运服务到了夜里就跟不上了。"对我们而言，"利维埃曾反驳过，"这是一个生死攸关的问题，因为，我们白天对比铁路和轮船所取得的优势，在夜里又输回去了。"

利维埃曾经厌烦地听人谈论资产负债表、保险，尤其是公众舆论。"舆论……"他反驳说，"是受人操控的！"他想："浪费了多少时间啊！有些东西……有些东西比所有这些都重要。活的生命，为了生存，不惜推翻一切，为了生存，创造它自身的规律。这是不可抗拒的。"利维埃不知道商业航空将在何时以何种方式开辟夜航，但这是不可避免的解决之道，应该做好准备。

他回想起在一块块绿桌毯前，用拳头支着下巴，他曾经听过那么多的反对意见，感受到一股非同寻常的力量。在他看来，这些反对意见都是白费唇舌，早就被生活本身否决了。他感觉自身的力量在体内积聚，像砝码一样。"我的理由很有分量，我会赢的，"利维埃心想，"这是事物的发展的自然规律。"当别人要求他拿出能万无一失、完美解决的方案时，他回答："实践出真知，对规律的认识永远不能先于经验。"

经过长达一年的抗争，利维埃赢了。有些人说："那是靠他的信念。"另一些人说："那是靠他的坚持，靠他熊一般前进的力量。"然而，在他看来，理由更简单，因为他选对了方向。

但是，一开始是多么谨小慎微啊！飞机只在天亮前一小时才起飞，日落后一小时就着陆。当利维埃对自己的经验有了把握，他才敢将邮航班机推进黑夜的深渊。几乎没有人追随，还几乎遭到否定，他在进行着一场孤独的奋斗。

利维埃按铃，想了解航行中飞机的最新情况。

十二

✦

　　此时，巴塔哥尼亚的航班正在接近风暴，法比安放弃绕道而行。他认为暴风雨的区域太大，因为闪电的光线直插这个国家的内陆，照亮了层层堡垒般的积云。他试图从云层下面钻过去，如果情况不妙，就中途折回。

　　他看了一下自己的高度：一千七百米。他把手掌压在操纵杆上开始下降，发动机抖得很厉害，飞机也开始抖动。法比安估摸着调整了下降的角度，然后在地图上核实丘陵的高度：五百米。为了给自己留点回旋余地，他朝七百米的高空飞去。

他牺牲高度，就像一场豪赌。

一阵涡流让飞机沉了下去，它抖动得更厉害了。法比安觉得自己受到了无形的塌方的威胁。他渴望可以掉头，可以重见满天星斗，却连一度的弯都拐不过来。

法比安盘算着自己的机会：这可能是一次局部的暴风雨，因为下一个中途站特雷利乌报告说四分之三的天空有云，也就是说他最多只要在这团黑水泥中混二十分钟。但飞行员心有顾虑。顶着狂风朝左边俯身，他企图弄清楚那在浓重的夜色中依然闪来闪去的模糊微光到底是什么。但它们甚至连微光都算不上，只是夜色明暗深浅的变化，或是眼睛疲劳看花了。

他打开报务员递过来的一张纸条：

"我们在哪儿？"

法比安何尝不想知道，付出一切代价都愿意。他回答："我不知道。我们正借助指南针在闯雷雨区。"

他还在俯身看。排气管喷出的火焰很碍事，这火焰挂在发动机上，就像一束火花，如此惨淡，似乎连月光都可以把它隐去，但是，在这一片虚空中，它竟包罗了他所能看见的整个世界。他看着它，风把它吹得交织在一起，仿佛火炬的火焰。

每隔三十秒，法比安就把头伸进座舱，检查陀螺仪和罗盘。他不敢再打开散发微弱红光的灯，这些灯会让他头晕目眩很久，而所有带荧光数字指示的仪表盘都和星辰一样散发着惨淡的光亮。在指针和数字中间，飞行员感到一种虚假的安全感：在乘风破浪的船舱里也会有的错觉。黑夜，裹挟着它的岩石、残骸和山丘，一起向飞机涌来，带着同样惊人的、逃不脱的厄运。

"我们在哪儿？"报务员又问他。

法比安又靠左探出身，再一次开始他可怕的观察和戒备。他再也不清楚到底要花多少时间、多少努力才能摆脱黑暗的束缚。他甚至怀疑自己永远也摆脱不了了，因为他把自己的命押在这张又脏又皱的小纸片上，这张纸片他已经打开读了不下千遍，为了保持希望："特雷利乌，四分之三的天空布满乌云，微弱的西风。"如果特雷利乌只有四分之三的天空乌云密布，那么就能透过云层的间隙看到城市的灯光，除非……

更远处充满希望的苍白的光亮引他继续前进；但因为他还是不确定，于是胡乱画了几个字给报务员："我不知道能否闯过去。问一下后方是否一直晴朗。"

答案让他沮丧：

"科摩多罗报告：不可能回这里。有暴风雨。"

他开始猜到一场非比寻常的风暴正从安第斯山脉向大海方向扑过来。在他飞抵那些城市之前，飓风已经占领了那里。

"问圣安东尼奥的天气。"

"圣安东尼奥答复：'起西风了，西面有暴风雨。阴云遍布四野。'由于噪声干扰，圣安东尼奥那边听得很不清楚。我也听不清楚。因为放电，我觉得必须马上收回天线。您要返航吗？您有什么计划？"

"别烦我。问布兰卡港的天气。"

"布兰卡港回答：预计二十分钟内强风暴将从西面袭击布兰卡港。"

"问特雷利乌的天气。"

"特雷利乌回答：西面有飓风，每秒三十米，倾盆大雨。"

"联系布宜诺斯艾利斯。八面埋伏,风暴已肆
虐一千公里,什么都看不到了。我们该怎么办?"

在飞行员看来,这是个没有岸的夜晚,因为它
既不通向港口(每个港口都遥不可及),也不通向
黎明:一小时四十分钟后,汽油就会耗尽。飞机迟
早会被迫盲目地在这漆黑厚重的夜里沉没。

如果能挨到天亮……

法比安想到黎明,就像一片金色的沙滩,经过
这艰难险阻的一夜后,可以搁浅在那里。在危机四
伏的飞机下面,会出现像岸一样的平原。静静的大
地怀着它沉睡的农庄、羊群和山丘。所有在黑暗中
翻滚的漂浮物都不足为患了。如果可以,他真想朝
着黎明游去!

他想他已经被重重围住。好歹一切都将在无边
黑夜中落幕。

这是真的。有几次,天一亮,他就觉得自己得救了。

可是,两眼盯着太阳升起的东方又有什么用呢?
在他和太阳之间,有无法跨越的漫漫长夜。

十三

✦

　　"亚松森的邮航班机飞行顺利，两点左右到。不过巴塔哥尼亚的邮航班机预计要晚点很多，它好像遇上麻烦了。"

　　"好的，利维埃先生。"

　　"我们可能不等它到就得让欧洲班机起飞：亚松森的班机一到，你们就听我们指示。你们做好准备。"

　　利维埃现在把北方各中途站发来的护航电报又读一遍。它们给欧洲的邮航班机开启了一条月光大道："天空纯净，满月，无风。"巴西的山脉的剪影在明亮的夜空中清晰可见，黑森林茂密的头发笔直垂向大海银色的波浪中。月光绵绵不断地倾洒在这片森林上，却没有把它们染上色。那些黑乎乎的像沉船的漂流物，是海上的岛屿。这月色，一路上都源源不断，像一口光明之泉。

如果利维埃下令出发，欧洲邮航班机的机组人员将进入一个稳妥的世界，整夜柔光照耀。这是任何东西都不能威胁到的黑暗和光明之间的平衡，甚至连清风也不会溜进来，如果风力增强，几个小时内整个天空都会变天。

但利维埃迟疑了，面对这片光明，像勘探者面对一座禁止开采的金矿。南方发生的事情证明利维埃这位夜航的唯一守护者出错了。他的对手们将从巴塔哥尼亚的惨剧中取得有力的道德优势，甚至利维埃所坚守的信念从此也可能无济于事；但利维埃的信念并没有动摇：他的事业上的一道裂缝导致了悲剧的发生，但悲剧仅仅表明裂缝的存在，此外并不能说明什么。"可能西部需要再建几个观测站……以后再说。"他继续想："我有同样强有力的理由坚持，导致意外发生的原因以后或许会减少一个：因为它已经显露了端倪。"失败让强者更强。不幸的是，在和人玩心眼的赌局里，事情真正的意义变得那么无足轻重。人们根据事物的表象论输赢，赢得一些可怜的分数。人们被失败的表象束缚住了。

利维埃按了铃。

"布兰卡港一直没有给我们发报？"

"没有。"

"打电话给中途站。"

五分钟后，他问：

"为什么你们什么都没向我们报告？"

"因为我们没听到邮航班机的声音。"

"它没动静？"

"我们不知道。暴风雨太猛。即使发报，我们也听不到。"

"特雷利乌那里听得到吗？"

"我们听不到特雷利乌。"

"打电话去问。"

"我们试过了：线路断了。"

"你们那里什么天气？"

"风雨欲来。西面和南面有闪电。很闷。"

"有风吗？"

"风还算弱，但十分钟后就没准了。闪电来得飞快。"

一阵沉默。

"布兰卡港？你们在听吗？好。十分钟后再打给我们。"

利维埃翻看南方各中途站发来的电报，都报告了这架飞机音讯全无。其中几个中途站不再回答布宜诺斯艾利斯。地图上，沉默的省份占据的区域正在扩大，在那里，一座座小城正经受飓风的袭击，所有门窗紧闭，没有灯光的街道上，每栋房子都与世隔绝。小城们迷失在黑夜中，像汪洋中的一条条船，只有黎明可以解救它们。

利维埃仍然伏在地图上，指望能发现一方可供避难的晴空，他已经发电报问过外省三十多个城市的警察局，陆续有回复传来。在两千公里的航线上，无线电站都接到命令，任何一处如果接收到飞机的信号，要在三十秒钟内通报布宜诺斯艾利斯，后者将把避难场所的方位告诉它，由它转达给法比安。

凌晨一点被召集来的秘书们都回到了各自的办公室。他们在那里神秘兮兮地得知，夜航可能要被终止，欧洲的邮航班机以后只能在白天起飞。他们窃窃私语，议论着法比安和飓风，尤其是对利维埃议论纷纷。他们猜想他就在那里，近在咫尺，大自然的背叛渐渐把他压垮了。

但是，办公室一下子变得鸦雀无声：利维埃出现在门口，紧紧裹在他的大衣里，帽子总压在眼睛上，像个永远的旅客。他迈着从容的步子朝办公室主任走去：

"现在是一点十分，欧洲邮航班机的文件都齐全了？"

"我……我以为……"

"不用您以为，您执行就好。"

他转身，慢慢地朝一扇敞开的窗户走去，手叠着背在身后。

一个秘书走到他身边：

"经理先生，我们几乎没有收到回音。他们报告内地有很多电报线路都被破坏了……"

"好的。"

利维埃一动不动，凝视暗夜。

就这样，每份电报都在威胁这架邮航班机。每个城市，在线路还没被破坏、还能回复时，都报告说飓风的推进就像一次扫荡。"这次飓风来自内陆，来自安第斯山脉，沿途横扫一切，直奔大海……"

利维埃觉得星星太亮了，空气太湿了。多么奇怪的夜晚！它突然一片片腐坏，像一枚发光水果的果肉一样。天上的星星一颗不少，依然俯瞰着布宜诺斯艾利斯，但这只是沙漠中的一片绿洲，而且也只是暂时的。它还是一个港湾，却不在机组人员能抵达的范围。充满威胁的暗夜，恶风一刮就腐坏了。难以征服的夜。

一架飞机，在某个地方，在夜的深处岌岌可危：飞机上的人，在无力地挣扎。

十四

✦

法比安的妻子打电话来。

每个返航之夜，她都会计算巴塔哥尼亚邮航班机的航程："他在特雷利乌起飞了……"然后又继续睡。过了一会儿，"他应该接近圣安东尼奥了，应该能看到城市的灯光了……"于是她起身，拉开窗帘，看一下天色："所有这些云都会妨碍他……"有时月亮像牧羊人在散步。于是，这个年轻的女人又躺下，这月亮和这些星星，她丈夫身边的一切都让她安心。一点左右，她感觉他离自己很近："他不可能离我很远，他应该能看到布宜诺斯艾利斯了……"于是，她又起床，为他准备宵夜和一壶滚烫的咖啡。

"上面那么冷……"她总是这样迎接他，仿佛他刚从雪山顶上下来似的。"你不会冷吧？""才不会！""还是暖暖身子吧……"一点一刻左右，一切准备停当。于是，她开始打电话。

这一夜，和平时一样，她又去打听：

"法比安着陆了吗？"

接电话的秘书有些发慌：

"您哪位？"

"西蒙娜·法比安。"

"啊！等一下……"

秘书什么话都不敢说，把听筒递给办公室主任。

"哪位？"

"西蒙娜·法比安。"

"啊！……您有什么事？太太。"

"我丈夫着陆了吗？"

一阵貌似无法解释的沉默。然后，他只是简单地回答了一句：

"没有。"

"误点了？"

"是的……"

又是一阵沉默。

"是的……误点了。"

"啊！……"

这是切肤之痛发出的一声"啊"！误点没什么大不了……没什么大不了……但如果一直误点……

"啊！……那他几点能到这里？"

"他几点到？我们……我们也不知道。"

她现在是对着一堵墙在说话，只听见自己问的问题的回声。

"求求您，回答我！他现在在哪里？……"

"他在哪里？等一下……"

这种了无生气的态度让她难受。在那堵墙后面，一定有情况。

那头终于下定决心：

"他是晚上七点三十从科摩多罗起飞的。"

"然后呢？"

“然后？……误点很厉害……因为坏天气，误点很厉害……”

“啊！坏天气……”

太不公平，太狡诈了！月亮无事人似的，挂在布宜诺斯艾利斯的上空。年轻女人突然想起来从科摩多罗到特雷利乌要不了两小时。

“而他朝特雷利乌已经飞了六小时了！他总会给你们发电报吧！他说什么了？……”

“他跟我们说什么了？遇到这样的天气自然……您很清楚……我们听不到他的电报。”

“这样的天气！”

“这样吧，太太，我们一有消息就打电话给您。”

“啊！你们什么都不知道……”

“再见，太太……”

“不！不！我要跟经理讲话！”

“经理很忙，太太，他在开会……”

“啊！我不管！我不管！我要跟他讲话！”

办公室主任擦了擦汗：

“等一下……”

他推开利维埃办公室的门：

"法比安太太想跟您说话。"

"来了，"利维埃心想，"我担心的事终于来了。"悲剧中的感情戏上演了。一开始他想回避：母亲和妻子不准进办公室。船只遇险也不能感情用事，因为感情用事救不了人。但他还是同意了：

"把电话接到我办公室来。"

听到这个遥远、颤抖的小嗓音，他立刻知道自己没办法回答她。对他俩而言，对峙下去毫无意义。

"太太，请您冷静！干我们这一行的，等消息等很长时间是常有的事。"

他已经到了那个临界点，要面对的不是个人悲戚的小问题，而是行动本身的大问题。利维埃面前杵着的不是法比安的妻子，而是生活的另一种意义。利维埃能做的，只是倾听，只是同情这小小的声音，如泣如诉，却扰人心。因为行动和个人幸福是无法兼得的：两者水火不相容。这个女人也是用一个绝对的世界、用这个是世界的义务和权利的名义说话。这是晚上桌上的灯照亮的世界，渴望肌肤相亲的世界，希望、柔情和回忆的世界。她在索要属于她的财富，她没错。而他，利维埃，也没有错，但他没有任何理由质疑她的正确。在一盏卑微的家用电灯灯光下，他发现自己的真理变得说不出口、不近人情。

"太太……"

她已经不在听了。他感觉她用娇弱的拳头对着那堵墙一阵捶打后，几乎瘫倒在自己脚下。

有一天，一个工程师曾经问利维埃："为修这座桥值不值得压扁一张脸？"当时他们正在一处施工的桥边，俯身探望一个伤员。这条路是为农民开的，但是，恐怕没有一个农民愿意为了能走近道、省得绕路，从下一座桥上过而把自己的脸给毁了。但人们还是造了一座座桥。工程师又说："公共利益是由个人利益组成的：它的合法性也无非如此。""不过，"后来利维埃回答他，"如果说人的生命是无价的，我们在行动的时候却总觉得有什么东西比人的生命更宝贵……但它是什么呢？"

利维埃想起机组人员，一阵揪心。行动，甚至只是建一座桥，也会破坏幸福；利维埃再也不能不扪心自问："凭什么呢？"

他想："这些人，可能很快就会消失，但他们本可以过幸福的生活。"他仿佛看到一张张俯首在夜灯照亮的金色圣殿中的脸。"我凭什么把他们从中拉走？"凭什么剥夺他们的个人幸福？法律第一条不就是要保障这些幸福吗？但他亲手把它们毁了。但总有一天，这些金色圣殿会像海市蜃楼一般消失殆尽。衰老和死亡会比他更无情地摧毁它们。或许还有其他东西需要拯救，一些更持久的东西；或许利维埃是为了拯救人更持久的品质而工作的吧？否则，他的行动就失去了意义。

"爱，仅仅靠爱，是行不通的！"利维埃隐约感觉到一种比爱更伟大的责任。或者说这也是一种温情，但和别人的温情截然不同。他想起一句话："要让他们成为不朽……"他是在哪儿读到这句话的？"你们自身追求的东西正在走向死亡。"他仿佛又看到秘鲁古印加人建造的太阳神庙，那些笔直矗立在山上的石头。如果没有这些石头，那个鼎盛一时的文明还剩下什么？这个文明用巨石的重量压在今天人们的心上，仿佛千古遗憾。"昔日的一国之君，他们以何种冷酷的名义，或者以何种离奇的爱情的名义，逼百姓在高山上建造这座神庙，强迫他们为自己竖起不朽的丰碑？"利维埃浮想联翩，仿佛还看到那些夜里围着乐池晃悠的小城众生。"这种幸福，这种束缚……"他心想。昔日的一国之君，或许他们毫不顾惜人的痛苦，却无比顾念人的死亡。不是顾惜他个人的死亡，而是顾念将被沙海吞没的人种。于是，他率领人民至少竖起一些沙漠无法埋没的巨石。

十五

这张对折再对折的纸条也许能救他，法比安咬着牙打开它：

"无法和布宜诺斯艾利斯联系。我甚至都不能操作发报机，手指一碰就起火星。"

法比安气坏了，想答复他，但当他松开操纵杆准备写字时，一股强大的气浪钻进了他的身体：气浪将他连同五吨重的金属一起抬了起来，吹得他直晃悠。他只好放弃。

他的双手重新压住气浪，让它减弱。

法比用力呼吸。如果报务员因为害怕风暴而把天线抽回去的话，法比安一着陆就要打烂他的脸。必须不惜任何代价和布宜诺斯艾利斯取得联系，仿佛在一千五百公里外，也能给他们抛来逃出这个深渊的绳索似的。没有一点摇曳的灯火，没有一盏旅店的灯光（虽然没什么用，却能像灯塔一般，证明那里是陆地），至少得让他听到一个声音，哪怕只有一个，来自那个已经不复存在的世界。飞行员举起拳头，在红光中晃了晃，为了让后面的那个人明白这个可悲的事实，但那个人正在俯望那一片狼藉的空间，被吞没的城市和熄灭的灯火，并没有明白这一点。

只要有人冲他喊话，法比安一定言听计从。他想："如果叫我兜圈子，我就兜圈子，如果让我朝正南飞……"在什么地方总有一些太平的陆地吧，在巨大的月影下充满温馨。那里的伙伴们都知道它们在哪儿，他们像学者一样胸有成竹，无所不能，伏在地图上，受到像花儿一样美丽的灯光的庇护。而他呢，除了涡流，除了以山崩的速度将黑色激流推向他的夜晚以外，他还知道什么？他们不能把两个人扔在龙卷风和烈焰肆虐的云里不管不顾。不能。他们一定会命令法比安"航向两百四十……"，然后他就对准两百四十。但他是孤身一人。

他感觉连飞机都在和他对着干。每次扎下去的时候，发动机都抖得厉害，仿佛整架飞机都气得发抖。法比安竭尽全力去控制飞机，埋头在座舱里，面对陀螺仪显示的视野，因为他迷失在创世纪的混沌之中，分不清外面的天与地了。但方位指示仪的指针摆动得越来越快，根本看不过来。受它们欺骗的飞行员已经在苦苦挣扎，降了高度，慢慢在这团黑影里越陷越深。他看到他的高度是"五百米"。这是丘陵的高度。他感到它们那令人眩晕的波浪朝他滚滚而来。他也明白，地面上所有的山峦，哪怕是最小的一个，都会把他碾碎，它们仿佛拔地而起，挣脱了束缚，开始醉醺醺地围着他转，跳起一种高深莫测的舞蹈，把他越围越紧。

他把心一横。哪怕冒着被撞毁的危险他也要降落，在哪儿都行。为了至少可以避开丘陵，他扔了唯一一颗照明弹。照明弹燃烧着，盘旋着，照亮了一片平原，并在那里熄灭了：那是大海。

他飞快地思索："完了。矫正了四十度，我还是偏离了航向。这是飓风。陆地在哪里？"他转向正西。他想："没照明弹了，我完了。"这样的事情总有一天会发生。而他的伙伴，在后面……"他肯定把天线收回去了。"但是飞行员不再怪他。他自己只要一松手，他们的生命立刻就会飘落，像一粒虚无的灰尘。他的伙伴和他自己跳动的心都掌握在他手中。突然，自己的双手让他感到害怕。

涡流像羊头撞锤一样一阵阵袭来。他竭尽全力握住方向盘，以减轻它所受到的震动，否则操纵电缆会被震断。他一直紧握方向盘，由于用力太猛都麻了，他已经感觉不到自己的手了。他想动动手指看它们听不听使唤：但他不知道手指会不会乖乖听令。手腕以下像长了怪物似的，像没有知觉、软塌塌的橡胶手套。他想："应该使劲想象我正紧紧抓住……"他不知道他的想法能否传达到手上。他只能通过肩膀的酸痛来感受方向盘的震动："我要抓不住了，我的双手要松开了……"竟然允许自己说出这样的话，他吓坏了，因为他感觉到自己的双手这一次听从了隐秘力量的驱使，在黑暗中慢慢松开，背叛了他。

他本该再搏一搏，碰碰运气：宿命论不是外在决定的，而是内心：当人们发现自己脆弱的那一刻宿命就产生了；于是，你晕晕乎乎受到了错误的吸引。

就在那一刻，在他的头上，透过暴风雨裂开的口子，亮起几点星光，像放在捕鱼篓底部致命的诱饵。

他明知这是个陷阱：你看见一个洞里有三颗星，你向上朝这三颗星飞去，之后，你再也下不来了，只能留在那里咬星星了……

然而，他那么渴望光明，于是他向上飞去。

十六

✦

　　他借助星星的指引，矫正角度避开涡流，向上飞去。它们苍白的微光像磁铁一般吸引着他。为追寻一线光明，他苦苦挣扎了那么久，哪怕是最依稀可见的一点亮光他也不会放过。即使是旅店的一点微光，他也会围着这个他渴求的信号转圈，直至死亡。何况现在他正飞向一片光明。

　　在这个先向他打开、随后在他身后封上的井里，他慢慢盘旋上升。随着飞机升高，乌云褪去泥泞般的阴影，从他身边掠过，像越来越纯净洁白的浪花。法比安钻出云层。

他惊讶极了：光线那么强烈，亮得他头晕目眩。他不得不把眼睛闭上几秒钟。他万万没想到，云在夜里会这么亮。满月和所有星辰把云朵变成了明晃晃的波涛。

就在钻出云层的一刹那，飞机一下子进入了异乎寻常的静谧之中。再没有任何浪涛把它拍得东倒西歪，就像一艘船驶过了堤坝，进入水库。他到了一角未知而隐蔽的天空，仿佛驶进了群岛环绕的幸福海湾。在飞机下面，暴风雨营造了另一个上下三千米、狂风大作、大雨倾盆、雷电交加的世界，但它向群星露出的，却是如水晶、如白雪的一面。

法比安以为来到了奇异的仙境，因为一切都变得明亮，他的双手，他的衣服，他的机翼。因为光不是来自头上的星辰，而是从他身下、从他周围、从雪白的云层中发出的。

他身下的云层像雪一样映出所有的月光，右边和左边高耸如塔的云团也一样。到处流动着一种牛奶般的光线，机组人员沐浴其间。法比安转过身，看到报务员在微笑。

"好多了!"他喊道。

但他的声音消失在飞行的噪声中,只有微笑表达了他的心声。"我真疯了,"法比安心想,"还笑得出来:我们完蛋了。"

不过,那千百只隐秘的手臂已经松开了他。他像一个被松了绑的囚犯,获准在花丛中独自散一会儿步。

"太美了!"法比安想。他在密密麻麻如财宝堆积的群星中,在这个除了他——法比安——和他的伙伴外没有任何其他生物存在的世界里游荡。他们就像那些闯进幻城的小偷,被困在遍地财宝的房间,再也出不来了。他们注定被关在这里,富甲一方,只能在这些冰冷的宝石中间游荡。

十七

✦

　　在巴塔哥尼亚的科摩多罗·里瓦达维亚中途站，一个报务员突然打了个手势，于是所有束手无策守在岗位上的人都聚到此人身边，俯下身去。

　　他们俯身在一张强光照射下的白纸上。报务员的手还犹豫不决，铅笔在摆动。报务员的手还写着那些字母，但他的手指已经颤抖了。

　　"暴风雨？"

　　报务员点了点头。吱吱的噪声让他无法明白。

之后，他记下几个无法辨认的符号。之后是几个单词。之后，整篇电文就出来了：

"被困在暴风雨上空三千零八米处。现朝正西内陆方向飞，因为之前偏离到了海上。下面全被云层堵住了。不知道是否还在海面上空。告诉我们暴风雨是否蔓延到内陆。"

因为雷雨的关系，人们不得不一站一站地将这个消息转达给布宜诺斯艾利斯。这个消息在黑夜中一路前行，像烽火台上相继点燃的烽火。

布宜诺斯艾利斯回复：

"暴风雨遍及内陆。你们还剩多少油？"

"还能飞半小时。"

这句话又被一站站传给布宜诺斯艾利斯。

机组注定会在三十分钟内一头栽进飓风，被吹得东倒西歪，坠落在地上。

十八

✦

利维埃在沉思。他不再抱任何希望：这个机组将会沉没在黑夜的某个地方。

利维埃回想起儿时曾令他震惊的一幕：为了寻找一具死尸，人们排干了池塘的水。在这团黑暗从地上消散，在沙漠、平原和麦田重新在日光下出现之前，人们什么都不会找到。之后，几个淳朴的农民可能会找到两个年轻人，胳膊肘弯着捂住脸，在一片静谧中躺在草地和金色的阳光里，仿佛睡着了。但黑夜或许已经将他们淹死了。

利维埃想到埋藏在黑夜深处像埋藏在神奇大海中的财宝……想到那些在夜里开着满树还未结果的花朵等待天亮的苹果树。黑夜是富有的，充满芬芳、沉睡的羔羊和还没有颜色的花朵。

慢慢地，肥沃的犁沟、潮湿的树林、新鲜的苜蓿都将向着黎明升起。但是，在那些如今已不再危机四伏的丘陵、草原和羔羊之间，在世界的一片祥和中，两个年轻人好像睡着了。有什么东西已从这个看得见的世界飘到另一个世界。

利维埃认识法比安忧心忡忡但柔情似水的妻子：这份爱情才刚刚借给她，就像借给穷孩子的一个玩具。

利维埃想到法比安的手，这只还能抓住操纵杆掌握几分钟自己的命运的手。这只手曾经爱抚过。这只手曾经放在一个胸脯上，像神的手掀起内心的骚动。这只手曾经放在一张脸上，改变了她的面容。这只神奇的手。

夜里，法比安在一片壮观的云海中漫游，而下面，则是永恒。他迷失在只有他独自居住的星辰之间。他还把这个世界握在手中，抵在胸口稳住它。他把人间的财宝紧紧地扣在方向盘上，绝望地拖着终将归还的、毫无用处的财宝，从一颗星游荡到另一颗星……

利维埃想到有一个无线电站还在收听他的讯息。唯一把法比安和这个世界联系在一起的，是一道乐波，一个很低的调幅。不是一声叹息，不是一声呼喊，而是绝望化成的闻所未闻的最纯粹的声音。

十九

✦

罗比诺把他从孤独的思绪中拉了出来：

"经理先生，我想……我们或许可以试试……"

他并没有任何建议，只是想以此表达他的好意。他多么希望找到一个办法，试着像猜谜一样去猜。他总能找到答案，但利维埃从来不听他的："您知道吗，罗比诺，生活中没有答案。各种积极进取的力量在起作用：必须创造这些力量，答案就会随之而来。"因此，罗比诺将自己的工作局限于在机械师中间激发一种积极进取的力量，一种防止螺旋桨毂生锈的微薄的积极力量。

但是，那天夜里发生的事让罗比诺束手无策了。他那督察员的头衔不管对暴风雨还是对幽灵般的机组都无能为力。这个机组真的已经不是在为得到准点奖而苦苦挣扎，而是为了逃脱唯一可以让罗比诺的种种惩罚都变得无效的惩罚，死亡的惩罚。

罗比诺现在一点用也没有了，在办公室里踱来踱去，无事可做。

法比安的妻子放心不下，在秘书办公室里让人通报，等着利维埃接待。秘书们偷偷瞟她的脸。她有些难为情，怯生生地环顾了一下：这里的一切都不欢迎她。这些继续工作、仿佛踩在一具尸体上走路的人们；这些卷宗，人的生命和苦痛在里面都只剩下一堆冰冷的数字。她在寻找能让她谈起法比安的蛛丝马迹。在她家里，一切迹象都表明他不在：掀开一半的被子、煮好的咖啡、一束鲜花……她没有发现任何蛛丝马迹。一切都和怜悯、友情、回忆相悖。她听到的唯一一句话，因为谁都不在她面前高声说话，是一个职员要一份清单时说的粗话：
"……发电机的清单，见鬼！是发给桑托斯的那
份。"她抬眼看着这个男人，表情无比惊讶。之后
她把目光移到挂了一张地图的墙上。她的嘴唇微微
颤抖，几乎难以察觉。

　　她有些尴尬，猜到自己在这里流露出来的是一
种敌对的真相，她几乎后悔来这里了，她恨不得藏
起来，她忍住咳嗽和哭泣，生怕太引人注目。她感
到自己跟光着身子一样，很怪异，很不得体。但她
流露出来的真相那么强烈，以至于那些躲躲闪闪的
目光不停地偷偷瞟她的脸。这个女人很美，她向男
人们揭示了幸福的圣地，揭示了人们无意间在行动
中触及的是多么庄严的素材。受不了那么多目光看
她，她闭上眼睛。她揭示了在无意间人们能够破坏
的是怎样的安宁。

　　利维埃接待了她。

　　她怯生生地来为她的鲜花、她的咖啡和她青春
的肉体辩护。在这个更冷的办公室里，她感觉到自
己的嘴唇又微微颤抖起来。她也发现她的真理，在
这个不一样的世界，无法言说。涌上心头的爱那么

热烈，几近狂野，还有忠贞，此刻在她眼里都像是换了一副讨厌、自私的面孔。她简直想逃走：

"打搅您了……"

"太太，"利维埃说，"您没有打搅我。不幸的是，太太，除了等待，您和我都没有其他更好的办法。"

她微微耸了耸肩，利维埃明白它的意思："我回去再看到这灯盏、这顿做好的饭、这些鲜花又有什么用呢……"有一天，一位年轻的母亲曾向利维埃吐露："我孩子的死，我到现在还不能理解。折磨人的是那些小东西，我翻出他穿过的衣服，还有，当我夜里醒来，依然会涌上心头的那份柔情，从今以后像我的乳汁一样都用不上了……"对这个女人而言也一样，法比安的死从明天起才刚刚开始，在每一个从此变得徒劳的举动、每一件东西上体现出来，法比安渐渐离开了她的家。利维埃把深深的同情埋在心里。

"太太……"

年轻女子退了出去，带着一个近乎谦恭的笑容，没有意识到自己的坚强。

利维埃坐下来，有些沉重。

"但她帮助我找到了我一直在寻找的东西……"

他心不在焉地拍拍北部各中途站发来的护航电报。陷入沉思。

"我们不希求永恒，但求不要看到行动和事物突然失去它们的意义。于是围绕在我们周围的虚空就会显现……"

他的目光落在电报上：

"死亡就是通过这些来到我们身边的：通过这些再没有任何意义的电报……"

他看着罗比诺。这个平庸的小伙子，现在已经毫无用处，没有任何意义了。利维埃近乎冷酷地对他说：

"难道要我亲自给您交代工作吗？"

之后，利维埃推开了通往秘书室的门，让他触目惊心的是法比安不在了，一些法比安太太看不出来的迹象表露得那么明显。R. B. 903，法比安那架飞机的卡片，已经出现在墙上通告栏"不可支配物资"一栏里了。正在准备欧洲邮航班机证件的秘书们知道飞机延误了，工作也不起劲。机场打电话来询问，要给现在还漫无目的候在那里的机组下达什么指示。生活的运转慢下来了。"死亡，这就是死亡！"利维埃心想。他的事业就像一艘出了故障的帆船，在无风的海上。

他听到了罗比诺的声音：
"经理先生……他们结婚才六个星期……"
"去工作吧。"
利维埃一直看着那些秘书，越过秘书，看着那些操作工、机械师、飞行员，看着所有这些曾带着一种建设者的信念在事业中曾经帮助过他的人。他想起以前那些小城市，听到谈论"岛屿"，就给自己造了一艘船，让船只满载他们的希望。让人们能够看到他们的希望在大海上扬帆启航。由于一艘船，所有人都成长了，升华了，解脱了。"目的可能说明不了什么，但是行动可以让人摆脱死亡。这些人通过他们的船变得不朽。"
当利维埃让电报恢复完整的意义，让值班机组恢复焦虑，让飞行员恢复悲壮的目标时，他也是在和死亡搏斗。当生活让这项事业重焕生机时，就仿佛海上的风让帆船重焕了活力。

二十

✦

　　科摩多罗·里瓦达维亚什么也听不见了，但是，二十分钟以后，距离那里一千公里的布兰卡港截获了第二份电讯：

　　"我们在下降，进入云层。"

　　接着，在特雷利乌的无线电站，收到一份意义不明的电讯，只有几个字：

　　"……什么都看不见……"

　　短波就是这样。那里收到了，这里却跟聋了一样。之后，无缘无故的，一切变了。这个方位不明的机组，在生者眼里，已经超出了已知的时间和空间，在无线电站雪白的纸上写字的已经是一些幽灵了。

汽油耗尽了？还是飞行员在机器出故障前打出了最后一张牌：飞回地上而没有坠毁？

从布宜诺斯艾利斯传来的声音命令特雷利乌：

"问他情况。"

无线电监听站就像一个实验室：镍、铜和压力计、导线系统。穿着白色工作服的值班人员默不作声，似乎埋头在做一个简单的实验。

他们用灵敏的手指去触碰仪器，勘探磁性的天空，就像找水人在碰运气。

"没有回复？"

"没有回复。"

他们或许会收到这个意味着生命的音符。如果飞机和它的航行灯又回到群星中间，他们或许会听见这颗星星在唱歌……

时间在一秒秒流逝，就像在淌血。还在飞吗？

每一秒钟都带走一点希望。现在流逝的时间仿佛在摧毁，就像它用二十个世纪的光阴去侵蚀一座殿堂，在花岗岩里辟出一条道路，把殿堂化为尘土，而现在，几个世纪的侵蚀作用集中在每一秒钟里，威胁着机组。

每一秒钟都带走一些东西。

法比安的声音，法比安的笑容，那个微笑。沉默在蔓延，越来越凝重的沉默像大海一样重重地压在这个机组身上。

这时有人提醒：

"一小时四十分钟。油耗量的极限时间：他们不可能还在飞。"

一下子静了下来。

某种苦涩的、淡而无味的东西泛到嘴边，好像旅行到了终点。某件人们一无所知、让人有点恶心的事情已经结束了。在所有镍和铜线之间，人们感到和笼罩在破产的工厂里一样的悲哀。所有这些设备都显得笨重了、荒废了、无用武之地：枯枝的累赘。

只能等待天亮了。

几个小时以后，整个阿根廷都会在阳光下浮现，而这些人还待在那里，就像在沙滩上，面对着正在拉上来的网，慢慢往上拉，不知道网里装的是什么。

利维埃在自己的办公室，感到一种只有在大灾难过后、一切已成定局的松懈。他已经让人向警察局报案。他不能再做任何事，只能等待。

但是，即使是家里死了人，凡事也得井然有序。利维埃向罗比诺打了个手势：

"给北部的中途站发电报：预计巴塔哥尼亚的邮航班机会延误很久。为了不让欧洲班机延误太久，我们会把巴塔哥尼亚的邮件交给下一班欧洲班机一起运送。"

他微微向前弯了弯身子。他振作了一下，想起什么事来，很严重。啊！是的。这就吩咐下去，以免忘记：

"罗比诺。"

"利维埃先生？"

"您起草一个通知。禁止飞行员把转速超过一千九百转：否则他们会把发动机弄坏的。"

"好的，利维埃先生。"

利维埃又向前弯了一下。他现在最需要的是孤独。

"去吧，罗比诺。去吧，老兄……"

这种在亡灵前表现出来的平等态度，让罗比诺感到害怕。

二十一

✦

　　现在，罗比诺在各部门的办公室里忧伤地晃来晃去。公司的命脉中断了，因为原定两点出发的班机将被取消，要等到白天才出发。面无表情的职员们还在值班，但这种守候已经失去了意义。人们还在收到北部各中途站定期发来的护航通报，但他们的"晴空"、他们的"满月"和他们的"无风"让人想到的却是一个贫瘠的王国，一片月光和石头的荒漠。当罗比诺翻阅办公室主任正在做的一份卷宗时，他也不知道自己为什么这么做，他注意到办公室主任站在他面前，带着一种咄咄逼人的礼貌，等他把卷宗归还，那神情仿佛在说："您什么时候想看就看，不是吗？这可是我的……"下属的这种态度让督察员震惊，但他想不出什么话来反驳，他气鼓鼓地把卷宗递还给他。办公室主任趾高气扬地回去坐下。"我早就该让他走人。"罗比诺想。为了不失态，他一边踱步，一边想着那场悲剧。那场悲剧可能会导致一项决策的破产，罗比诺为这双重的丧事哭泣。

接着，他想到把自己关在办公室里的利维埃的样子，那个曾对他说"我的老兄……"的利维埃，他从来没有看起来无依无靠到这步田地。罗比诺对他产生了强烈的同情。他脑子里琢磨着几句隐约想要表示同情和宽慰的话。一种他认为很美好的情感鼓舞着他。于是他轻轻敲了敲门。没人回答。在一片寂静中，他不敢敲得更用力，于是推开门。利维埃在那里。罗比诺第一次以平等的身份走进利维埃的房间，有点像朋友，有点像一个士兵冒着枪林弹雨回到负伤的将军身边，在溃败中陪着他，并在流放中成为他的兄弟。罗比诺似乎想说："无论发生什么，我都和您在一起。"

利维埃没有说话，低头看着自己的双手。罗比诺站在他面前，不敢再开口说话。即使战败了，这头狮子还是令人生畏。罗比诺准备了一些越来越表示自己忠心耿耿的话，但每次抬眼，他都看到低垂的脑袋、灰白的头发、承受了多少苦涩的紧抿的双唇！最后，他下定决心：

"经理先生……"

利维埃抬起头，看着他。利维埃从那么幽深、那么遥远的梦境中回过神来，或许都没有注意到罗比诺的在场。永远没有人知道他做了什么梦，有什么感受，也不知道他心里在悼念什么。利维埃看着罗比诺，看了很久，仿佛他见证了什么。罗比诺感到局促。利维埃越看罗比诺，他的嘴唇上就越浮现出一丝令人无法理解的嘲讽。利维埃越看罗比诺，罗比诺就越脸红，利维埃就越觉得他是带着一种感人的、却又不幸是自发的好意，来这里证明人类的愚蠢。

罗比诺一阵惶恐。什么士兵，什么将军，什么枪林弹雨都用不上了。有什么无法解释的事情发生了。利维埃一直看着他。于是，罗比诺不由自主地调整了一下自己的姿势，把手从左口袋里抽出来。利维埃一直看着他。于是，罗比诺终于无比局促，也不知道为什么，说了一句：

"我来听您的指示。"

利维埃掏出手表，很自然地：

"两点。亚松森的邮航班机两点十分降落。让欧洲的邮航班机两点一刻起飞。"

罗比诺将这惊人的消息散布出去：夜航不会取消。罗比诺对办公室主任说：

"把那份卷宗拿来让我检查。"

当办公室主任站在他面前时，他说：

"等着。"

办公室主任就等着。

二十二

✦

亚松森的邮航班机报告它即将着陆。

即使在最艰难的时刻，利维埃还是一封电报接一封电报地跟踪它的顺利航程。对他而言，这是在这场灾难中对他的信念的回报，是证明。这次顺利的航行通过电报预示着千万次飞行一样会顺利。"并不是每晚都有飓风。"利维埃还想到，"一旦航线开辟，就不能不继续。"

飞机从巴拉圭一个中途站接一个中途站地南

下，就像来自一个满是鲜花、矮房子和缓缓流水的迷人花园，飞机从飓风的边缘掠过，飓风连一颗星星都没有遮住。九名乘客裹在旅行褥子里面，额头贴在窗上，仿佛贴在挂满珠宝的橱窗上，因为阿根廷的小城市已经在夜里，灯光是它散落的财宝，让璀璨的星空黯然失色。飞行员在前座，双手撑起保障人宝贵生命的重任，睁大眼睛，眼里充满月光，像一个牧羊人。布宜诺斯艾利斯的地平线上已经满是红光，很快每块石头都会发光，就像一处神奇的宝藏。报务员的手指发出最后几份电报，仿佛他在天上欢快地弹完了利维埃能领会的那首奏鸣曲的最后几个音符。之后，他收回天线，伸伸懒腰，打了个哈欠，笑了：他们到了。

着陆后，飞行员遇到欧洲邮航班机的飞行员，背靠着他的飞机，双手插在口袋里。

"是你接班？"

"是啊。"

"巴塔哥尼亚的飞机在那儿吗？"

"不等它了：失踪了。天气好吗？"

"很好。法比安失踪了？"

这种事他们谈得很少。他们兄弟情深，无须多言。

人们把亚松森班机上的邮包都扛到欧洲班机上，飞行员一直一动不动，头向后仰，脖子靠在座舱上，看着天上的星星。他感到自己身上孕育着一股巨大的力量，一种强烈的快感涌上心头。

"装完了？"一个声音说，"那就发动吧。"

飞行员没有动。有人把他的发动机发动了。飞行员靠在飞机上的肩膀感到这架飞机活了。飞行员终于安心了，在那么多假消息之后：出发……不出发……出发！他的嘴唇微启，牙齿在月光下闪闪发光，像一头小野兽的牙齿。

"夜里，要当心啊！"

他没有听见同伴的忠告。双手插在口袋里，头向后仰，面对浮云、山峦、江河和海洋，他默默地笑了起来。淡淡地一笑，却像一阵微风拂过树梢一样穿过他的身体，让他浑身都战栗了。淡淡的一笑，却比这些浮云、这些山峦、这些江河和这些海洋都强有力得多。

"你怎么啦？"

"利维埃这个蠢货，他呀……他以为我怂了呢！"

二十三

✦

    一分钟后，欧洲邮航班机将飞越布宜诺斯艾利斯，而重新投入他的战斗的利维埃，想要听到它的声音。听到它诞生、吼叫、消失，就像一支在群星中间行军的队伍雄壮的脚步声一样。

    利维埃交叉着两臂，从秘书中间走过。在一扇窗子前，他停了下来倾听、遐想。

    如果他取消了哪怕一次起飞，夜航事业就完蛋了。意志薄弱的人明天就会指责他，但利维埃抢在他们前头，连夜派出了另一个机组。

胜利……失败……这些词没有任何意义。生活藏在这些形象之下，并且已经在酝酿新的形象。一场胜利会削弱了一个民族，而失败会唤醒另一个民族。利维埃遭受的失败或许是一种许诺，但总会迎来真正的胜利。只有进行中的事才重要。

五分钟后，无线电报站将通知各中途站。在一万五千公里的航程中，生命的震颤将解决所有的问题。

一支管风琴的乐曲已经响起：飞机。

于是，利维埃慢慢踱步回去工作，他从秘书们身边穿过，他们一看见他严厉的目光就低下头去。伟大的利维埃，征服者利维埃，他肩负着胜利的重担。

译后记

一本关于夜的书

黄荭

一

✦

1929 年 10 月 12 日，安托万·德·圣埃克絮佩里来到布宜诺斯艾利斯，和梅尔莫兹、吉尧梅一起参加由迪迪叶·多拉负责的开拓南美洲大陆航线的工作。10 月 25 日，他在皇家宾馆写信告诉母亲：

　　我被任命为邮航总公司的一家子公司——"阿根廷邮航"业务开拓部门的负责人（年薪约二十二万五千法郎）。我想您会感到高兴，而我却有点悲伤。我挺喜欢自己原来的生活。

我感觉新工作会让我变老。

当然，我还会开飞机，但只是为了视察或开辟新航线。

虽然条件艰苦，"布宜诺斯艾利斯是座丑陋的城市，既无旖旎风情，也无物产资源，什么都没有"，但他很快就适应了新生活，11月20日，他又写信告诉母亲："就像歌里唱的，日子简单而平静地流淌。这个星期，我去了巴塔哥尼亚的里瓦达维亚准将城和巴拉圭的亚松森。除此之外，我宁静地生活，小心谨慎地管理阿根廷航空公司。"而且新的任命还让这位不到而立之年的"大领导"内心喜不自禁地膨胀了一下："我无法向您表达这份工作给我带来了多大的愉悦。这也是对您的教导的一种回馈，不是吗？曾经，人们那么不认同您对子女的教育。二十九岁就当了一家大公司的负责人，很不错，不是吗？"

如果说新岗位给圣埃克絮佩里带来了精神（高

就）和物质（高薪）上的双重满足，他也没有辜负总公司对他的信任和栽培：负责开拓了巴塔戈尼亚航线，执行了无数次勘查飞行任务，1930 年 4 月 7 日，他因在民航工作出色，获得法国荣誉军团骑士称号。

飞行，在那个时代，是很酷很炫的职业，但也是高难高危的行当，人人都对蓝天充满无尽遐想，但并不是人人都有飞行员的体魄和胆识，更不是每个人都有不可磨灭的意志和向死而生的勇气。

二

✦

　　如果说 1927、1928 两年的非洲经历让他写出
了《南线邮航》——先是飞图卢兹-卡萨布兰卡-达
喀尔航线的飞行员，之后被任命为朱比角（里约德
奥罗）机场场长，负责航线飞机在机场的中途停
靠，维持和西班牙殖民军的良好关系，并确保受摩
尔人威胁的整个地区的安全——那么 1929、1930
两年的美洲经历则为《夜航》提供了最真实、最惊
心动魄的素材。

故事很简单，也很切"夜航"的题：邮航初期，航空公司经理利维埃为拓展航空业务，决定开辟南美的夜间航线。他安排了三架邮航班机从巴塔哥尼亚、智利和巴拉圭出发飞往布宜诺斯艾利斯。其中一名飞行员法比安驾驶的那架飞机遭遇了强风暴，虽然利维埃整夜守在办公室里全力指挥，但飞机还是坠入了茫茫黑夜的陷阱，无力逃脱。飞行员的妻子来办公室打听丈夫的消息，利维埃接待她后，更加坚定了自己的信念：只有进行中的事才重要。失败或许是一种许诺，会迎来真正的胜利。不能因为有牺牲就中断已经开展的夜航事业，只有继续、只有最后的胜利才能让之前的牺牲变得有意义。在小说的结尾，利维埃连夜派出了另一个机组："一分钟后，欧洲邮航班机将飞越布宜诺斯艾利斯，而重新投入战斗的利维埃，想要听到它的声音。听到它诞生、吼叫、消失，就像一支在群星中间行军的队伍雄壮的脚步声一样。"

　　故事在两条线上展开：一条在天上，暗夜里飞行员法比安在雷电和风暴中穿梭，在群山和云海间沉浮；一条在地上，航空公司负责人利维埃守在亮着灯的办公室，焦急地等待飞机安全抵达的消息。"一动一静，一暗一明，大反差的光与影的画面交替出现，紧凑而又富有节奏感。"一边是空中生死攸关的飞行，一边是地面琐碎细致的工作，一样都需要一丝不苟，需要满腔热忱、付出和奉献。

《夜航》于1931年出版，纪德为它写了序，该书一举夺得当年的费米娜奖，很快被翻译成英语和德语，并于1933年被搬上大银幕。

三

✦

很多人都在这本小书中读出了尼采的"超人"，萨特、海德格尔的存在主义的大道理：人被抛到这个世界上，必须作出选择，必须用自己的行动来赋予存在以意义。

但对圣埃克絮佩里而言，《夜航》真正的主题，是"夜"。

1930年1月，圣埃克絮佩里在布宜诺斯艾利斯写信给母亲：

现在，我正在写一本关于夜航的书。但深层的含义，是关于夜的书。（只有晚上九点之后，我才会经历这一切。）

　　下面是文章的开头，是关于夜的最初的回忆：

　　"夜幕降临，我们还在大厅遐想。我们等着一盏盏灯从身边经过：人们捧着灯就像抱着一束束鲜花，每盏灯都在墙上摇曳出美丽的影子，就像棕榈叶。然后，幻象变了，人们把光束和棕榈叶般的影子关在客厅里。

　　"于是，我们的一天结束了，在我们的小床上，有人带我们驶向新的一天。

　　"我的妈妈，您关心我们，关心天使们的航程，为了让旅途平静，为了不让任何意外打搅我们的梦境，您抚平床单上每一道褶痕，每一团阴影，每一处起伏……

　　"因为轻抚床单，就像一只神奇的手抚平了大海。"

　　之后，就是驾驶飞机穿越不那么太平

的茫茫黑夜。

从这封信里可以看出，圣埃克絮佩里写作《夜航》的初衷，是讴歌夜，和童年、家、母爱维系在一起的温暖且充满神秘和幻想的夜，那不寻常的美。但在正式出版的《夜航》的书中，开头的这段文字不见了，母亲抚平床单的细节被挪到法比安妻子的身上，但夜和爱的主题并没有弱化，只不过在英雄主义的审美视角下，凸显的是对责任的承担，为人类和文明的进步就算牺牲也在所不惜的信念。

四

✦

　　我是在翻译《夜航》的时候，忽然意识到这一点的。

　　夜的美，还有圣埃克絮佩里的文字之美。

　　先是入夜：

　　　　飞行员法比安从美洲南端的巴塔哥尼亚，驾驶邮航飞机前往布宜诺斯艾利斯，就像港口的水纹一样，他从这份静谧、依稀可辨的云卷云舒中也看到了暮色将至的迹象。他正在进入一个辽阔幸福的停泊之所。

寂静中，他简直以为自己就像一个牧羊人，在慢悠悠地散步。巴塔哥尼亚的牧羊人常常不紧不慢地从一群羊走向另一群羊，而他则是从一个城镇飞向另一个城镇，他是放牧小城镇的牧羊人。每两个小时，他就会遇见一个城镇，有的饮水河边，有的食草原野。

如果说沙漠之所以美是因为它隐藏着一口井，那么夜的美对飞行员而言，是因为它点亮了地上的灯火，人间的灯火无声地陪伴着天上的孤独，那是家的温度。"遍地都是灯光的召唤，面对无边的黑夜，家家户户都点亮了自己的星星，就像面朝大海点亮了灯塔一样。所有隐藏着人的生命的地方都有灯火闪烁。这次潜入黑夜让法比安赞叹不已，就像船只进入锚地，缓慢而优雅。"因为他发现"黑夜可以凸显人：这些召唤，这些灯光，这份不安。黑夜中这颗普通的星星，是一栋孤零零的房子。一颗星星灭了，是一栋房子把自己封闭在属于它的爱情里"。或许灯光也让圣埃克絮佩里想起了童年在圣莫里斯楼上房间里的那个炉子，那是他"见识过的最美好、最平静也最温情的事物"，从来没有任何东西比这只炉子更让他感到现世安稳，还是在同一封写给母亲的信里，飞行员深情地写道：

当我在黑夜中醒来，炉火呼呼作响，在墙上映出影子无数。不知道为什么，我觉得它就像一只忠心耿耿的卷毛狗。这只小火炉保护我们不受一切伤害。有时，您上楼来，打开门，发现我们被温暖包围着。您听柴火噼啪作响，就又下楼去了。

我从来没有过一个像它这样的朋友。

让我领略"广袤"的，不是银河、不是飞行、亦非海洋，而是您房间的小床。生病是个绝佳的机会。我们都渴望轮到自己生病。感冒让我们得到的爱像无边的海洋。房间里还有一个热气腾腾的烟囱。

飞到天上，和飓风、高山、乱云、黑夜一番搏斗之后，快乐还在于安全降落，带着疲倦回到地上："让人类生活变得温馨甜美的一切在他眼前渐渐变大：人们的房屋，小咖啡馆，步行道上的树木。他就像一个征服者，夜晚凯旋俯瞰自己的帝国时，发现人们朴素的幸福。"但法比安，或者说是飞行员作者，并不会甘心做一个普通人，看窗外从此不再移动的风景，和心爱的姑娘待在一个小得不能再小的村庄，所以在《夜航》的开头，他才会那么迫不及待地踏上飞机，去拥抱那莫测诡谲的夜晚。因为只有出发，才不会让平凡的幸福被庸常的日子腐蚀，才会让你永远用失而复得的心态去珍惜眼前的一切。每个人身上都有一个想要离家出走的少年，而奥德赛流浪的心一直记挂的是珀涅罗珀的笑靥。

就连最后法比安的飞机失事，沉入永恒的暗夜，圣埃克絮佩里的描绘也是美的：

> 法比安以为来到了奇异的仙境，因为一切都变得明亮，他的双手，他的衣服，他的机翼。因为光不是来自头上的星辰，

而是从他身下、从他周围、从雪白的云层中发出的。

……那千百只隐秘的手臂已经松开了他。他像一个被松了绑的囚犯，获准在花丛中独自散一会儿步。

"太美了！"法比安想。他在密密麻麻如财宝堆积的群星中，在这个除了他——法比安——和他的伙伴外没有任何其他生物存在的世界里游荡。他们就像那些闯进幻城的小偷，被困在遍地财宝的房间，再也出不来了。他们注定被关在这里，富甲一方，只能在这些冰冷的宝石中间游荡。

仿佛孩子的童话。而恰好，夜是所有童话开始的地方。

还有爱情。

1931 年，圣埃克絮佩里从阿根廷带回了《夜航》，还有妻子龚苏萝：那朵长着刺，有着萨尔瓦多"小火山"一样倔犟个性，偶尔用她"敏感多疑的虚荣心折磨小王子"的玫瑰花。

安托万·德·圣埃克絮佩里
生平和创作年表

祖父母	外祖父母	父母
<u>1833 年</u> 祖父费尔南·德·圣埃克絮佩里伯爵出生在法国波尔多。	<u>1838 年</u> 外祖父夏尔－布瓦耶·德·封斯哥伦布男爵出生在法国马赛。	<u>1863 年</u> 父亲让·德·圣埃克絮佩里出生在法国弗洛拉克，当时他父亲是当地的专区区长。
<u>1843 年</u> 祖母阿丽克丝－布罗盖尔·德·特雷朗出生在法国图尔。	<u>1847 年</u> 外祖母阿丽丝·德·罗玛内·德·雷特朗吉出生在法国绍村城堡。	<u>1875 年</u> 母亲玛丽·德·封斯哥伦布出生在拉弗里城堡。
<u>1862 年</u> 祖父母在图尔结婚。费尔南·德·圣埃克絮佩里在第二帝国时期做过专区区长，之后在勒芒经营一家保险公司。	<u>1873 年</u> 外祖父母在阿尔代什省的拉弗里城堡结婚。夏尔－布瓦耶·德·封斯哥伦布做过财政部的督察员，之后回到故乡的城堡定居，专心于他的领地和音乐。	<u>1896 年</u> 父母在安河畔的圣莫里斯－德－雷芒城堡结婚，城堡是玛丽的姨婆特里戈公爵夫人加布耶尔·雷特朗吉的产业。婚礼也是由这位远亲一手操办的。

1897 年　安托万的大姐玛丽－玛德莱娜·德·圣埃克絮佩里出生，昵称"母鹿"或"咪玛"。

1898 年　安托万的二姐西蒙娜出生，昵称"莫诺"。1978年去世。

1900 年　6 月 29 日，安托万·让－巴蒂斯特·玛丽·罗杰·德·圣埃克絮佩里出生在里昂，贝拉街 8 号（现为阿尔方斯－富谢街）。6 月 30 日受洗礼。

1902 年　安托万的弟弟弗朗索瓦·德·圣埃克絮佩里出生。

1903 年　安托万的妹妹加布里埃尔出生，昵称"蒂蒂"或"蒂希"。1986 年去世。

1904 年　安托万的父亲去世。
　　　　母亲带着五个孩子住进了里昂贝尔古尔广场 3 号特里戈姨婆的公寓，假期则在姨婆和外祖父的城堡里度假。
　　　　家里先后有过好几位家庭女教师，其中让孩子们印象深刻的有两位：一位是奥地利人保拉，另一位是法国德龙省的玛格丽特·夏贝，绰号"发霉"。

1909 年　为了靠近夫家，圣埃克絮佩里夫人搬到勒芒，住在克洛－玛戈街 21 号。
　　　　10 月，安托万作为受监护的走读生就读于勒芒的圣克鲁瓦圣母教会学校，他父亲也曾就读于这所学校。

1911 年　　5 月 25 日，在学校初领圣体。安托万在这所学校一直待到 1914 年。

1912 年　　7 月底，在安河度假的飞行员加布里埃尔·弗罗布莱斯基－萨尔维（而不是大家常常提到的当时最知名的飞行员儒尔·魏德林）在安贝里厄机场首次带安托万飞上蓝天。

1914 年　　在圣克鲁瓦学校，安托万创办了一份班级报纸：《高一之声》。他在班上写的一篇故事《一顶高礼帽的历险记》获得年级最佳作文奖。
　　　　　在勒芒，圣埃克絮佩里家的孩子经常和他们的堂兄丘吉尔和德·西内提见面。
　　　　　当一家人在外地度假的时候，第一次世界大战爆发了。圣埃克絮佩里夫人决定暂时不回勒芒，她在离圣莫里斯几公里外的安贝里厄火车站创办并负责一个军事医护点。
　　　　　安托万上高二，和弟弟一起被送到蒙格雷中学寄宿。很快他们就发现这所学校不适合他们。

1915 年　　回到勒芒并短暂逗留后，两兄弟被送到瑞士弗赖堡的圣让别墅学校寄宿。这所学校条件舒适，教育方法现代，和巴黎的斯塔尼斯拉斯中学是友好学校。

在圣让别墅，安托万结识了夏尔·萨莱斯、路易·德·波纳维和马克·萨布朗。

这期间，他读了很多书：巴尔扎克、波德莱尔、陀思妥耶夫斯基。他开始创作亚历山大体的短诗，部分诗歌有留存。他同时也写了几部短剧。

1916 年　虽然弗赖堡的教学水平不高，安托万的哲学、物理、化学、音乐和击剑成绩优良。

6 月，安托万高中毕业，成为业士。

7 月 10 日，他的弟弟弗朗索瓦死于关节炎。

10 月，安托万来到巴黎，准备报考海军军官学院。他先后在圣路易中学和博絮埃中学读预科班。

1918 年　安托万写了《小桌的谣曲》，见证了这位理科生对文学始终不变的热忱。

他结识了亨利·德·塞戈涅、亨利·德·维尔莫兰、贝特朗·德·索西内，并和后者的姐姐勒内保持书信往来。

当时他住在巴黎的几位亲戚家，尤其是姨妈伊万娜·德·雷特朗吉家。他把自己最初的文学随笔拿给雷特朗吉夫人看。夫人之后把他介绍给和她有密切往来的《新法兰西杂志》的文学圈子：纪德、让·普雷沃、马克·阿莱格雷。

他的姑姑阿娜伊·德·圣埃克絮佩里介绍他认识旺多姆公爵夫人——比利时国王的姐姐。他母亲的一位朋友若尔丹将军夫人负责给安托万的母亲汇报儿子的情况。

1919 年　　6 月，安托万报考海军军官学院，没有通过复试的口试。夏天在贝尚松的维达尔将军家度假学习德语，随后回圣路易中学。

7 月，特里戈公爵夫人去世，把圣莫里斯城堡遗赠给圣埃克絮佩里夫人——安托万的母亲。

10 月，他进入美术学院做旁听生，攻读建筑艺术专业。当时他很欣赏阿尔贝·萨满的《金车》和亨利·巴塔耶的《愚蠢的处女》。

虽然有巴黎几位亲戚的接济，他还是有几个月生活拮据。他住在塞纳河街的鲁西亚娜旅馆非常简朴的房间里。服兵役让他摆脱了窘境。

1921 年　　4 月 9 日，安托万应征入伍，被编入斯特拉斯堡第二飞行中队，但他对机械师的命运很不满。为了成为军事飞行员，照他自己的说法，必须支付高昂的飞行课，并要先取得民航驾驶员的合格证书。

6 月 18 日，他在民航飞行教练罗贝尔·阿艾比的陪同下首次驾驶法尔芒 F-40 飞机。

7 月底，着陆时，发生了他飞行生涯第一起严重事故，但他平安脱险。

结识让·埃斯科。

8 月 2 日，他被调到卡萨布兰卡的第三十七飞行中队。和马克·萨布朗还有一群朋友重逢。他们一起弹奏音乐并在拉巴特的普里乌将军家晚餐。
12月2日，安托万获得军事飞行证书。随后通过了预备军官生的考试。

1922年   1月23日，以军事飞行见习生的身份被派往伊斯特尔，再次过了一段艰难的日子。
2月5日，他被任命为下士。
3月31日，他被录取到谢尔省的阿沃尔空军学院。在学院和让·埃斯科重逢，后者把他当时最喜欢的作家季洛杜和科克托的作品介绍给他。
8—9月，在凡尔赛实习。
10月，被任命为预备役少尉，编入布尔歇的第三十四飞行中队。

1923年   1月，在布尔歇一架本不该由他驾驶的昂利奥HD-14飞机上失事。头颅骨裂，休假15天。
6月5日，服兵役结束。安托万当时想加入空军，但受到未婚妻路易丝·德·维尔莫兰家人的反对。他兴味索然地找了一份布瓦隆制瓦厂（总公司）生产监督员的工作。他在巴黎富布圣奥诺雷街52号工作，负责会计事务。
秋天，解除订婚。
10月11日，妹妹加布里埃尔嫁给皮埃尔·德·阿盖，一个儿时的玩伴。此后她就生活在阿盖的城堡里。
在给他母亲的一封信中，安托万透露可能会在

140

《新法兰西杂志》上发表一篇短篇小说。

1924 年　　1 月 18 日—2 月 1 日，在维拉古布莱服预备役。有段时间他住在贝蒂街 12 号的普里乌上尉家，他在摩洛哥认识的朋友。他写信给他母亲说小说他已经写了一半。

3 月，他换了几份工作，都不理想。他回到巴黎，为了能重新在布尔歇和奥利机场飞行并和朋友们重逢。他对卓别林的《朝圣》非常着迷，阅读蒙泰朗的《致凡尔登死难者的挽歌》。

10 月 24 日，他离开薇薇安街 22 号的公寓，和让·埃斯科一起在蒙马特尔高地后面的奥尔纳诺大街 70 号乙的泰坦尼亚旅馆安顿下来。据让·埃斯科说，这次一直住到圣埃克絮佩里 1926 年加入拉泰科雷航空公司。

1925 年　　4 月 1 日—15 日，在奥利度假。

在巴黎，安托万经常出席他姨妈家的沙龙聚会，在那里常常遇见纪德和让·普雷沃，后者当时是《银舟》杂志的编辑部秘书。

据皮埃尔·谢弗叶说，就在这一时期，安托万写了一篇没有发表的短篇小说《舞者玛侬》。在法国国家档案馆收藏了 6 页名为《永别，诗集》的手稿，收有他的 5 首诗。

1926 年　　1 月 15 日，晋升为预备役中尉。

4月1日，《银舟》杂志发表了安托万的短篇小说《飞行员》，这篇小说题为《雅克·贝尔尼的逃离》的片段已经佚失。

是年春天，安托万放弃了在索雷汽车公司的工作，在苏杜尔神父和爱德华·巴雷斯将军的推荐下，进入法国航空公司（C.A.F.）任飞行教练。

7月5日，获民航飞行员证书。

10月11日，博絮埃中学的老校长苏杜尔神甫把他推荐给由拉泰科雷创建的航空总公司的行政主管贝坡·德·马西米。航空总公司也称拉泰科雷公司，于次年改为邮航总公司。安托万被派往图卢兹，那里的开发部主任迪迪叶·多拉想培养他做管理人员。但安托万要求成为航线飞行员。在当了几个月的机械师后，他终于如愿以偿。

1927 年　　安托万成了一名图卢兹－卡萨布兰卡－达喀尔航线的飞行员，和其他航空事业的先锋一起工作：瓦歇、梅尔莫兹、艾蒂安、吉尧梅、雷克里凡。

4月，拉泰科雷将公司卖给马赛尔·布约－拉封，公司改为邮航总公司。

6月2日，安托万的大姐在圣莫里斯－德－雷芒去世。

这个夏天，他在达喀尔住了一个月的医院。

10月19日，他被任命为朱比角（里约德奥罗）机场场长。他负责航线飞机在机场的中途停靠，和负责确保受摩尔人威胁的整个地区安全的西班牙殖民军保持良好关系。

1928 年　一整年，安托万都在朱比角度过。他写了《南线邮航》。航空运输继续发展。

3 月 1 日，每周一趟的法国－南美洲邮航服务业务首航。

4 月 16 日，里约－布宜诺斯艾利斯夜航首航。

6 月，安托万大姐创作的关于自然和动物的短篇小说集《母鹿的朋友们》出版。

在朱比角：

7 月 18 日，解救飞行员里盖尔。

9 月 17 日，试图营救被摩尔人俘虏的飞行员雷纳和工程师塞尔。他们直到 10 月才被释放。

11 月，解救飞行员维达尔，此人后来接替了圣埃克絮佩里在朱比角的职务。

这一年里，安托万阅读了玛格丽特·肯尼迪的《忠心的水仙女》、安德烈·巴永的《卢森堡的球蜽》、他喜欢的吕克·杜尔丹的《莫斯科和他的信仰》、他钟爱的科克托的《白日的诞生》，还有他厌恶的莱昂·都德的《白日梦》。

1929 年　3 月，安托万从非洲回来，被介绍给加斯东·伽利玛，伽利玛在和他签约出版《南线邮航》的同时，还预签了他的 7 部小说。

安托万到布雷斯特参加短期训练，获海军航空兵高级飞行员证书。

他在图卢兹试飞拉泰 25 和 26。

7 月 14 日，途经门多萨的布宜诺斯艾利斯－圣地亚哥航线首航（飞行员为梅尔莫兹，乘客是吉尧梅），安托万于此时被调到南美工作。

10 月 12 日，他来到布宜诺斯艾利斯，和梅尔莫兹、吉尧梅一起参加由迪迪叶·多拉负责的开拓南美洲大陆航线的工作。

担任邮航公司所属的"阿根廷邮航"公司负责人，他开创了巴塔哥尼亚航线（从里瓦达维亚海军准将城到蓬塔阿雷纳斯）。他执行了多次勘测飞行任务并建设了特雷利乌和布兰卡港的航空基地。

写作《夜航》。

《南线邮航》在巴黎出版，安德烈·伯克莱给书作了序。

1930 年　　一整年，安托万都在阿根廷度过。

4 月 7 日，他因为在民航工作成绩突出，荣获法国荣誉军团骑士勋章。

5 月 12—13 日，跨大西洋首次商业飞行由梅尔莫兹、达布里和吉米叶驾驶水上飞机拉泰 28.3 完成。

6 月 13—18 日，安托万驾机搜寻在安第斯山脉失踪的吉尧梅。

9 月，在萨尔瓦多出生的阿根廷籍女子龚苏萝·苏辛（1902—1979）由朋友介绍认识了安托万。龚苏萝当时是知名记者戈梅兹·卡特罗的遗孀，亡夫留给她一些阿根廷的地、一栋位于法国蓝色海岸西米埃的别墅和一套巴黎卡斯泰朗路10 号公寓，巴黎这个地址后来成了圣埃克絮佩里的住址，直到 1934 年。

10 月，阿根廷爆发革命。龚苏萝怕发生意外，在未来丈夫圣埃克絮佩里之前动身去法国。

1931 年　1 月，圣埃克絮佩里的母亲来到布宜诺斯艾利斯。

2 月，圣埃克絮佩里得到为期两个月的休假，和母亲一起回法国。

3 月，邮航公司爆发财政丑闻，多名领导辞职，其中包括圣埃克絮佩里推崇的迪迪叶·多拉，于是圣埃克絮佩里决定不再返回阿根廷。

3 月底—4 月初，他把《夜航》的手稿读给来阿盖附近度假的雷特朗吉夫人和纪德听。据说是纪德自己提议为《夜航》写序。

4 月 12 日，在本堂神甫苏杜尔的主持下，圣埃克絮佩里和龚苏萝在阿盖举行宗教仪式婚礼。

4 月 22 日，两人在尼斯市政厅登记结婚。

5—12 月，圣埃克絮佩里驾驶拉泰 26 负责南美航线卡萨布兰卡 - 艾蒂安港段的夜航。

《夜航》出版。

10 月 24 日，乔治·夏朗索勒在《文学短篇小说》上发表了关于《夜航》的第一篇评论文章。

12 月 4 日，《夜航》获费米纳奖。很快被翻译成英语和德语，并于 1933 年由米高梅公司拍成电影，克拉伦斯·布朗导演，巴里摩尔、克拉克·盖博、罗伯特·蒙哥马利主演。

12 月 24 日，在阿盖的家中过圣诞节。休假的圣埃克絮佩里生活拮据。

1932 年　　2 月 18 日，为钱烦恼的圣埃克絮佩里重新开始为邮航工作。驾驶水上飞机飞马赛－阿尔及尔航线，获水上飞机民航飞行员合格证书。

6—7 月，圣埃克絮佩里的母亲把圣莫里斯－德－雷芒的产业卖掉。正在休假的儿子帮她搬家。她之后定居在加布里的村庄。

圣埃克絮佩里被调到卡萨布兰卡负责卡萨布兰卡－达喀尔的邮航。年轻夫妇卖掉歇米叶的别墅，搬到卡萨布兰卡的诺里街居住。生活一直拮据。

10 月 26 日，他在加斯东·伽利玛刚刚创办的第一期《玛里亚娜》杂志上发表文章《航线飞行员（一）》歌颂邮航事业和多拉。在同一杂志上，他于 11 月 30 日和 12 月 14 日，发表《在巴塔哥尼亚停靠》和《阿根廷的公主们》，后一篇文章经过改动收录进《人类的大地》。

1933 年　　1 月 16 日，梅尔莫兹驾驶有三个发动机的"彩虹号"首次跨南大西洋邮航。

8 月 30 日，法国政府将几家航空公司合并，成立法国航空公司（简称"法航"）。

没能进法航工作，圣埃克絮佩里为生活所迫，进了拉泰科雷公司做水上飞机的试飞员，先在图卢兹，之后在圣洛朗迪蓬和圣拉斐尔。

12 月 21 日，由于操作失误造成着陆事故。他差点淹死在圣拉斐尔海湾自己驾驶的飞机里。

主要 发表
1 月 25 日在《玛里亚娜》上发表《梅尔莫兹》。

5 月 17 日在《玛里亚娜》上发表《摩尔克人的奴隶巴尔克》，之后收入《人类的大地》。

8 月 22 日在《玛里亚娜》上发表《关于高多和罗西》。

年初，他写了电影剧本《安娜－玛丽》。

1934 年
4 月 26 日，回到巴黎，住在卡斯代拉内街道 10 号，圣埃克絮佩里进入"法航"，负责业务宣传。在法国和外国作了多次演讲报告。

7 月 12 日，出差去西贡。他在那里遇见做档案管理员的二姐西蒙娜。在湄公河口发生的一起发动机故障使他没能去成柬埔寨的吴哥。

7 月 24 日，"法航"负责的南大西洋每月一次的飞行业务走上轨道。

8 月 12 日，圣埃克絮佩里在巴黎病了。开始和皮埃尔·比永一起将《南线邮航》改编成电影。此时由克拉劳斯·布朗导演的美国电影《夜航》在巴黎上映。

主要 发表
1 月 24 日在《玛里亚娜》上发表《"祖母绿号"的终结》，记叙了 1 月 15 日驾机失踪的莫里斯·诺盖和艾玛纽尔·肖米埃。

2月28日在《玛里亚娜》上发表《航空的伟大和约束》。

11月21日在《玛里亚娜》上发表《第十四届航空展》。

1935年　严重的经济困难。龚苏萝搬到蒙塔朗贝街的皇港旅馆居住。

4月5日，圣埃克絮佩里以《巴黎晚报》特派记者的身份赴莫斯科进行为期一个月的采访。

5—6月，《不妥协报》的主编勒内·德朗吉和让·吕卡介绍他认识雷翁·维尔特，后者成了他最后几年的最好的朋友。维尔特又介绍他认识了一些左派名人，如维克多·塞尔吉和亨利·雅宋。

10月，在摩洛哥为《不妥协报》写一篇报道，但突然中止。

11月，在年轻的工程师让–玛丽·孔蒂和机械师安德烈·普雷沃的陪同下，他驾机周游地中海，在卡萨布兰卡、阿尔及尔、突尼斯、开罗、亚历山大、大马士革、伊斯坦布尔、雅典等地演讲。

导演雷蒙·贝尔纳开始拍摄《安娜–玛丽》。

12月29日，驾驶刚购买的西穆飞机和安德烈·普雷沃试图打破巴黎–西贡（今越南胡志明市）的飞行时间记录。在30—31日夜间，飞机在到达开罗前坠落在利比亚的撒哈拉沙漠腹地。

主要 发表	是年春天，在《法国航空杂志》第 29 期上发表 "回忆毛里塔尼亚"。5 月 2、14、16、19 和 21 日在《巴黎晚报》上发表《苏联系列报道》。 8 月 7 日在《玛里亚娜》上发表《梅尔莫兹，航 线飞行员》。 是年冬天，在《法国航空杂志》第 4 期上发表 《我们可以相信飞机让世界变小了》。
1936 年	1 月 1 日，一支沙漠里的驼队搭救了圣埃克絮佩 里和普雷沃。 1 月 10 日，约瑟夫·凯塞尔在《甘果瓦》杂志 上发表《圣埃克絮佩里肖像》。 1 月 20 日，到达马赛。 7 月 17 日，西班牙内战爆发。 8 月，圣埃克絮佩里被《不妥协报》派往西班牙 卡塔卢尼亚前线采访。 12 月 7 日，"南十字架"号飞机和它的机组人员 消失在茫茫大海，其中包括梅尔莫兹。
主要 发表	1 月 6、30、31 日和 2 月 1、2、3、4 日在《不妥 协报》上独家发表他在利比亚沙漠的经历。 5 月 2 日，在《出版纵览》上发表《为了更好地 活着》。 8 月 12、13、14、16、19 日在《不妥协报》上 发表《西班牙系列报道》。 12 月 10 日在《不妥协报》上发表《四十八小时

的沉默后，我们几个还没有放弃寻找梅尔莫兹》。

12 月 13 日在《不妥协报》上发表《应该继续寻找梅尔莫兹》。

12 月 15 日在《航空生活报》上发表《梅尔莫兹，虽败犹荣的英雄》。

12 月 16 日在《玛丽亚娜》上发表《致梅尔莫兹》。

1937 年　　2 月 7 日，圣埃克絮佩里驾驶自费购买的新西穆飞机 F-ANXK 为"法航"勘察一条卡萨布兰卡－廷巴克图－巴马科－达喀尔新航线。

6 月 9 日，晋升为预备役上尉。

4—7 月，对西班牙进行第二次采访。此次他是作为《不妥协报》和《巴黎晚报》的特派记者前往卡拉邦塞尔前线采访。开始为创作《堡垒》做准备。

8 月，驾驶他的西穆飞机在德国旅行。

主要发表　　1 月 22 日在《不妥协报》上发表《梅尔莫兹开垦了沙漠……》，之后收入《人类的大地》。

4 月 2 日在《不妥协报》上发表《吉尧梅的感人事迹》。

是年夏天在《法国航空杂志》的专号上发表《赶紧去旅行》。

6 月 27、28 日，7 月 3 日和 8 月 3 日在《巴黎晚报》上发表《马德里报道》。

1938 年　　1 月，圣埃克絮佩里把私生活的麻烦抛到身后，独自去了纽约。这是他第一次去美国。

2 月 14 日，在普雷沃的陪同下，他驾驶西穆飞机试图打破纽约－火地岛的飞行记录。他的飞机在危地马拉失事。圣埃克絮佩里受了重伤。

3 月 28 日，昏迷了几天后，他回到美国疗养，重新开始写作。创作《人类的大地》。让·普雷沃介绍他见了希区柯克出版社的负责人。他新书的英文版将以《风、沙与星辰》的书名出版。

是年春天，回到法国，他去阿盖看望了家人。他为安娜·莫罗－林登博格的《风起了》写了序。

7 月 1 日，乘坐"诺曼底"号邮轮回纽约，给了英文译者部分《人类的大地》的手稿。

安托万和龚苏萝达成协议，决定分居一段时间。

9 月，在维希疗养。

9 月 30 日，慕尼黑协定签订。

主要
发表　　10 月 2、3、4 日在《巴黎晚报》上发表《和平还是战争？》。

11 月 8 日和 15 日在《巴黎晚报》上发表《历险和中途停靠》。

在纽约，雷纳尔和希区柯克出版社出版了一本小书《风之花园》，之后也收入《人类的大地》。

1939 年　　1 月，圣埃克絮佩里晋升为法国荣誉团的军官。

2 月 16 日，《人类的大地》在法国出版。在美国，

《人类的大地》被评为"月度最佳书"，很快成为畅销书。12月14日，《人类的大地》获法兰西学院小说大奖。

7月7日，随同吉尧梅一起驾驶豪华的水上飞机"巴黎舰上尉"号回美国，试图打破飞越大西洋的飞行记录。

7月14日，回到巴黎。为龚苏萝租了树叶居。月末，圣埃克絮佩里再次乘坐"诺曼底"号邮轮去纽约。

8月6日，在《玛丽亚娜》上发表《飞行员和自然力》。

8月26日，回到了战争阴云笼罩的法国，30日到达勒阿弗尔。

9月3日，英国和法国对德国宣战。

9月4日，圣埃克絮佩里在图卢兹应征入伍，以上尉军衔任技术教官，负责培训飞行员。

11月3日，尽管健康状况不佳，他还是设法进了第三十三飞行大队第二中队执行空中战略侦察任务。在"奇怪战争"的那个冬天，侦察任务越来越危险。

1940年　4月，他写信给他母亲在必要时照顾"可怜的、完全被抛弃的小龚苏萝"。

5月23日，执行前往阿拉斯的侦察飞行任务，此次任务给了他写作《战地飞行员》一书的创作灵感。

5月28日，比利时投降。

6月2日，受到空军部的嘉奖，获十字勋章。

6月10日，法国大溃退开始。

6月16日，贝当政府要求停战。

6月18日，戴高乐将军在伦敦向法国广播，呼吁同胞在他的领导下继续抵抗。

6月22日，圣埃克絮佩里随同所在的第三十三飞行大队第二中队的军官们一起到了阿尔及尔。

6月22日，法国和德国签订停战协定。

7月11日，圣埃克絮佩里退役。

8月初，回到法国，圣埃克絮佩里感到迷茫，他住在阿盖，创作《堡垒》。

10月，到维希和巴黎办理去美国的签证。十月中旬，他在维尔特家住了几天，读了《堡垒》的开头给他听。他在马赛最后一次见到伽利玛。

11月5日，他回到阿尔及尔，随后陪同尚贝将军到摩洛哥。

11月16日，到达里斯本。

12月31日，他和让·雷诺阿乘坐同一条船到达纽约。

1941年　1月，圣埃克絮佩里住在纽约南中央公园240号27楼。他为在美国居住的法国人的分裂深感痛惜。

1月31日，他在《纽约时报》上发表声明，拒绝接受维希政府的所谓国民议会的任命。写作

《战地飞行员》和《小王子》。

2月初，给安德烈·布勒东写了一封没有寄出的信。

6月22日，德国对苏联宣战。

6月，他在洛杉矶第一次遇见空气动力学家西奥多·卡门教授。

是年春天至夏天，动了一场外科手术，住在加利福尼亚。继续空气动力学方面的研究。出院后，皮埃尔·拉扎雷夫为他安排了住宿。

1942年　　年初，龚苏萝来到纽约。

2月，在纽约出版《飞向阿拉斯》（《战地飞行员》），贝尔纳·拉莫特画的插图。

4-5月，加拿大报告会。

7月，圣埃克絮佩里让他的翻译将一份北非登陆计划转交参谋部。

夏天，他创作《小王子》并自己画插图。

8月，盟军在北非登陆。

11月11日，德军占领法国自由区。

11月27日，伽利玛出版社出版《战地飞行员》。

11月29日，《纽约时报》上刊登《给法国人的公开信》，这封信在11月20日的《加拿大报》上已经刊登过法文版。

12月19日，在《为了胜利》周刊上，雅克·马利坦表示他不同意《给法国人的信》上的观点。

12月，《战地飞行员》被维希政府查禁。

1943 年　　3 月，就在圣埃克絮佩里在纽约四处找机会加入空军的时候，在蒙特利尔发表了《给朋友的信》，也就是《给人质的一封信》的第一部分。

4 月 6 日，雷纳尔和希区柯克出版了《小王子》。

4 月 20 日，离开美国前往北非。

5 月 4 日，到达阿尔及尔。他住在医生朋友乔治·贝里西家。他和纪德重逢，阅读亨利·米肖的作品。

5—6 月初，经过短训后，他回到了驻扎在摩洛哥乌季达的第三十三飞行大队第二中队。这支飞行中队由美国人指挥，当时装备了非常新式的"莱特宁" P38 飞机。

5 月 30 日，戴高乐来到阿尔及尔。

6 月 3 日，《给人质的一封信》在纽约发表。

6 月 19 日，圣埃克絮佩里获得高空飞行资格证书。

6 月 25 日，他晋升为指挥官。

6 月 28 日，他的朋友奥歇台在一次飞行训练中意外身亡。

7 月 10 日，盟军在西西里岛登陆。

7 月 21 日，圣埃克絮佩里开始执行第一次飞行任务：侦察拍摄罗纳河谷和普罗旺斯地区。

8 月 1 日，他执行第二次飞行任务返回，着陆花的时间久了一点，可能是因为刹车有点失灵。

8 月 12 日，事故后，指挥官告诉他已经超过了 P38 的飞行员的年龄限制 35 岁，他被限制飞行。不能飞行让圣埃克絮佩里非常消沉，也由于健康原因，他又回到阿尔及尔的医生贝里西家。

10月30日，戴高乐将军在阿尔及尔发表演说，在提到法国著名作家的时候，没有提莫罗瓦、圣琼－佩斯和圣埃克絮佩里的名字。

收到龚苏萝寄给他的放草稿的箱子后，他继续写作《堡垒》。

11月5日，他在贝里西医生的公寓摔了一跤，身体不适，精神抑郁。

12月，《战地飞行员》初版在里昂秘密发行，之后1944年在里尔有另一个版本发行。

1944年　　2月，在阿尔及尔的《方舟》杂志第一期上发表《给人质的一封信》。

在夏辛上校的帮助下，地中海的空军总指挥官伊凯尔准许圣埃克絮佩里返回第三十三飞行大队第二中队，但他只允许圣埃克絮佩里执行五次飞行任务。

4月9日，戴高乐接替吉罗任法国抵抗队伍的总指挥。

5月16日，圣埃克絮佩里再度开始飞行，但遇到各种各样的困难。

6月4日，盟军进入罗马。

6月6日，右翼发动机起火。与此同时，盟军在诺曼底登陆。

6月15日，氧气吸入器故障。

7月17日，第三十三飞行大队第二中队驻扎在科西嘉岛的波尔戈。

7 月 31 日，他在格勒诺布尔－昂贝略昂－安西地区执行他的第十次飞行任务，一去不返。次日，他本来要被告知盟军在普罗旺斯登陆的时间，而获知这个军事机密后他就会被禁止飞行。

8 月 1 日，让·普雷沃被德军击落。

8 月 15 日，盟军在普罗旺斯登陆。

12 月 4 日，伽利玛出版社首次出版《给人质的一封信》。

1944 年后	1945 年 7 月 31 日，圣埃克絮佩里因飞机失常遇难，在斯特拉斯堡大教堂举行全国悼念。 1948 年 3 月 1 日，伽利玛出版社出版《堡垒》。 1948 年 5 月 8 日，安德烈·卢梭在《费加罗文学报》上发表了第一篇关于《堡垒》的评论文章。 1953 年，出版《年轻时代的通信》（1923—1931）。 1955 年，出版《给母亲的信》。 1956 年，出版《生活的意义》。 1965 年，先贤祠里摆放了一块纪念圣埃克絮佩里的牌子。 1969 年，圣埃克絮佩里的母亲继《诗歌》（1956）之后，发表《回忆》。1971 年她又出版了一个文集《我听我的树唱歌》。她于 1972 年去世，享年 97 岁。 1982 年，《写给战争》出版。

1984 年，在法国国家档案馆举办"安托万·德·圣埃克絮佩里展"。

1998 年 9 月 7 日，突尼斯渔民水手哈比·贝纳莫尔在卡西斯的海上打捞到圣埃克絮佩里的手镯。

2003 年 9 月，飞机的部分残骸被打捞上来。

安托万·德·圣埃克絮佩里

Antoine de Saint-Exupéry

1900 年 6 月 29 日—1944 年 7 月 31 日

法国作家、飞行员

　　他一生挚爱冒险与自由，身兼法国最早一代飞行员与作家两份职业。一面为国家开拓了多条重要航线，一面用小王子与玫瑰俘获了全世界读者的心。他在暗夜中守候黎明，在风暴和乱云间寻找中途站，他不是描写飞行的第一人，却第一次以俯瞰的视角探索文明与人生的真谛。